怎样巩固文化主体性

任初轩◇编

人民日报出版社

北京

图书在版编目（CIP）数据

怎样巩固文化主体性 / 任初轩编 . -- 北京 : 人民
日报出版社 , 2024. 12. -- ISBN 978-7-5115-8630-8

Ⅰ . G12

中国国家版本馆 CIP 数据核字第 202501LU44 号

书　　　名：怎样巩固文化主体性
　　　　　　ZENYANG GONGGU WENHUA ZHUTIXING

编　　　者：任初轩

出 版 人：刘华新

策 划 人：欧阳辉

责任编辑：曹　腾　季　玮

版式设计：九章文化

出版发行：人民日报出版社

社　　　址：北京金台西路 2 号

邮政编码：100733

发行热线：(010) 65369509　65369527　65369846　65369512

邮购热线：(010) 65369530　65363527

编辑热线：(010) 65369523

网　　　址：www.peopledailypress.com

经　　　销：新华书店

印　　　刷：大厂回族自治县彩虹印刷有限公司

法律顾问：北京科宇律师事务所　(010) 83622312

开　　　本：710mm×1000mm　1/16

字　　　数：160 千字

印　　　张：15

版次印次：2025 年 3 月第 1 版　　2025 年 3 月第 1 次印刷

书　　　号：ISBN 978-7-5115-8630-8

定　　　价：48.00 元

目 录

★ **思想平台**

★ 理论茶座

★ 学术圆桌

思想平台

文化主体性的最有力体现

人民日报评论部

在浙江台州葭沚老街，体验纸伞制作、制茶、翻簧竹雕、彩石镶嵌等技艺成为热门文旅项目，众多游客慕名而来。将米粒大的陶泥放到微型拉坯机上，用指尖捏出花瓶的形状，再用竹签、镊子精雕细琢，景德镇陶艺师傅王文化创作微型陶艺作品的视频走红海外，累计播放量超过1亿。《只此青绿》以《千里江山图》为蓝本，用舞蹈"绘"名画，让观众沉浸在中华文化特有的意韵中。今天，文化创造与文化自信相互激荡，让中华优秀传统文化在新时代焕发出独特魅力，展现出蓬勃生机。

文化贯通过去、现在与未来。在文化传承发展座谈会上，习近平总书记深入阐释"两个结合"的重大意义，深刻指出"'结合'巩固了文化主体性，创立新时代中国特色社会主义思想就是这一文化主体性的最有力体现"。有了文化主体性，就有了文化意义上坚定的自我，中国共产党就有了引领时代的强大文化力量，中华民族和中国人民就有了国家认同的坚实文化基础。坚持以习近平新时代中国特色社会主义思想为指导，不断巩固文化主体性，独立自主走自己的路，我们意气风发、豪情满怀。

中华文明的主体性植根于源远流长的文化沃土。朱熹园里，习近平总书记感慨"我们要特别重视挖掘中华五千年文明中的精华"；在岳麓书院，习近平总书记凝望"实事求是"匾额，指出"一定要把真理本土化"；考察"一馆一院"后，习近平总书记强调"只有立足波澜壮阔的中华五千多年文明史，才能真正理解中国道路的历史必然、文化内涵与独特优势"……习近平总书记以护文明之火种、传永续之文脉的崇高使命感，全方位、多角度阐释中华文化的独特创造、价值理念、突出特性，展示了对待中华优秀传统文化的科学态度。党的十八大以来，以习近平同志为核心的党中央以对文化在历史进步中的地位作用的深刻认识，以对文化的精神特质和历史传承的正确把握，以对文化复兴和文明进步的不懈追求，开辟了马克思主义基本原理同中华优秀传统文化相结合的新境界。创立习近平新时代中国特色社会主义思想就是文化主体性的最有力体现。这一重要思想坚定历史自信、文化自信，坚持古为今用、推陈出新，把马克思主义思想精髓同中华优秀传统文化精华贯通起来、同人民群众日用而不觉的共同价值观念融通起来，无愧为中华优秀传统文化在新的历史条件下创造性转化、创新性发展的优秀典范，无愧为中华文化和中国精神的时代精华，无愧为当代中国马克思主义、二十一世纪马克思主义。

文化主体性，是文化自信的根本依托。一种文化要具有穿越时空的引领力、凝聚力、辐射力，必须有其主体性。回望近代以后，国家蒙辱、人民蒙难、文明蒙尘；百余年非凡历程中，中国共产党人点燃精神的火种、重焕文明的辉光，使历史中国的深厚底蕴与现实中国的崭新气象相融通，以高度的文化自觉、深沉的文化自信、勇毅的文化担当，激活中华文化的"一池春水"，把中华文化发展推向新阶段。这一文化主体性，是在弘扬中华优秀传统文化、继承革命文化、发展社会主义先进文化的基础上，在借鉴吸收人类一切优秀文明成果的基础上，通过"两个结合"建立起来的。不断巩固文化主体性，才能具有对自身文化的高度认同，从中华民族世世代代形成和积累的优秀传统文化中汲取营养和智慧；才能实现精神上的独立自主，坚定"走自己的路"的信心和自觉，彰显中国精神、凝聚中国力量、升腾中国气象。

文化关乎国本、国运。一个国家、一个民族的强盛，总是以文化兴盛为支撑的，中华民族伟大复兴需要以中华文化发展繁荣为条件。要坚定文化自信，立足中华民族伟大历史实践和当代实践，用中国道理总结好中国经验，把中国经验提升为中国理论。要秉持开放包容，坚持马克思主义中国化时代化，传承发展中华优秀传统文化，促进外来文化本土化，不断培育和创造新时代中国特色社会主义文化。要坚持守正创新，以守正创新的正气和锐气，赓续历史文脉、谱写当代华章。从历史走向未来，从延续民族文化血脉中开拓前进，不断巩固文化主体性，就一定能够创造属于我们这个时代的新文化。

万物有所生，而独知守其根。今天的中华文化，正展现出更旺盛的生命力、更强大的感召力。坚持以习近平新时代中国特色社会主义思想为指导，把握时代特征、因应时代变化，在实践创造中进行文化创造，在历史进步中实现文化进步，我们一定能建设社会主义文化强国，铸就中华文化新辉煌。

《人民日报》（2023 年 07 月 12 日第 05 版）

文化自信来自我们的文化主体性

楼宇烈

近代以来，对于怎样看待中西文化，有过许多争论。100 多年前，有些人看到西方国家船坚炮利、四处扩张，就对自己的传统文化产生了怀疑甚至否定，认为西方什么都好，自己处处不如人。也有人希望既学习西方长处，又能将自己的传统保持下来，提出"中学为体，西学为用"或"西学为体，中学为用"等。

不同文化之间的差异确实存在，对这种差异需要理性认识。需要注意的是，不能只从发展阶段上来看文化差异，这种差异主要表现为有的文化先发展、有的文化后发展；还要看到，不同文化之间也存在类型上的差异。世界上不同国家、民族所处的地理环境、历史进程各异，传承的体制机制、风俗习惯有别，因而并不容易形成同种同类的文化。这些不同类型的文化，有着不同特点、风格，但都是构成人类文明百花园的一分子。习近平总书记指出："人类只有肤色语言之别，文明只有姹紫嫣红之别，但绝无高低优劣之分。"这为我们认识文明差异提供了根本遵循。

由于一些西方国家率先开启现代化进程，有人就认为西方文明是文明发展的范本。但是，一些后发国家照搬西方文明发展模式，结果并没有走上现代化道路，反而水土不服，陷入政治动荡、社会动乱。在近代中国，不少仁人志士探索救亡图存道路，试图在制度、观念等层面模仿西方，但最终都以失败告终。从文化角度看，生硬把两种不同类型文化嫁接在一起，恐怕很难开出香花、结出甜果。历史的重任落到中国共产党身上，中国共产党人找到马克思主义，坚决反对历史虚无主义、文化虚无主义，将马克思主义基本原理同中国具体实际、同中华优秀传统文化相结合，不仅让马克思主义具有鲜明的中国特色、中国风格、中国气派，而且推动中华优秀传统文化从传统走向现代。

二战结束后，一些发展中国家发生了巨大变化，不仅在政治上摆脱了殖民地或半殖民地的地位，实现了独立，而且在经济上也获得长足发展。这种经济、政治、社会境况的变化，促使发展中国家对自己文化传统进行思考，振奋起文化自尊和自信，更加自觉保护本民族文化传统，建设现代文化。就中国来说，新中国成立特别是改革开放以来，我们用几十年时间走完西方发达国家几百年走过的工业化历程，创造了经济快速发展和社会长期稳定的奇迹，成功开辟了中国特色社会主义道路。习近平总书记指出："随着改革开放一路走过来，随着正确的中国特色社会主义思想、社会主义道路的建立，随着我们在实践中真正证明这条道路是正确的，文化自信随之而来。"新时代我们看到中国特色社会主义和中国梦深入人心，社会主义核心价值观广泛弘扬，中华优秀传统文化受到更多人的喜爱，人们的文化自信不断彰显。

如果说科学技术和生产力发展水平上的差异可以通过观念变革、社会变革来迎头赶上乃至消除的话，那么文化类型上的差异则不能用"赶上"的方法去解决，而且也是不可能、不需要解决的。一个国家、一个民族要走出自己的现代化道路，必须具有文化主体性。文化主体性是文化自信的前提，文化自信是文化主体性的重要体现。习近平总书记指出："文化自信就来自我们的文化主体性。"中华文明在数千年历史传承中，始终保持着文明记录的连续性，形成多元一体、团结集中的统一性。各民族经过长期交往交流交融，你中有我、我中有你，呈现社会文化生活的共同性、融合性和向心的主体性。中华民族走的是一条不同于其他国家和民族的文明发展道路。中华优秀传统文化滋养着中华民族永续发展。中国共产党推进"两个结合"，更加巩固了文化主体性。有了文化主体性，中华民族和中国人民就有了国家认同的坚实文化基础，就能在激烈的世界文化激荡中站稳脚跟，独立自主走自己的路。

当然，这并不是说不同类型文化之间不需要进行交流。事实上，从古到今，不同类型的文化之间一直在进行着交流。习近平总书记指出："历史告诉我们，只有交流互鉴，一种文明才能充满生命力。只要秉持包容精神，就不存在什么'文明冲突'，就可以实现文明和谐。"中国人讲："己善，亦乐人之善也；己能，亦乐人之能也。""各美其美，美之人美，美美与共，天下大同。"这些体现的是一种互相欣赏、共存共荣的胸怀。不同国家和民族的文明都扎根于本国本民族的土壤之中，都有自己的特色、长处、优点。不同文明要坚持相互交流、相互学习、相互借鉴，而不是相互隔膜、相互排斥、相互取代，这样世界文明百花园才能万紫千红、生机盎然。

独学而无友，则孤陋而寡闻。在漫长的历史进程中，中华文明以开阔博大的胸襟包容天下、协和万邦、博采众长、兼收并蓄。我们坚定文化主体性，也以宽广的胸怀，汲取不同国家、不同民族创造的优秀文明成果，同世界各国进行文化交流合作，更加自信地建设文化强国。

《人民日报》（2023 年 09 月 11 日第 09 版）

不断巩固文化主体性

红　梅

文化是民族的血脉、人民的精神家园。文化主体性体现着一个国家、一个民族对其文化传统、价值观念、精神信仰等的坚持与发展，关系一个国家、一个民族的文化传承，更关系文化活力的激发和增强。文化主体性强则文化自觉、文化自信程度高。新时代新征程，我们要深入学习贯彻习近平文化思想，不断巩固文化主体性，更好维护好本民族的文化特质，进而在文化激荡中站稳脚跟，在新的起点上继续推动文化繁荣、建设文化强国。

中华民族在漫长历史发展中，创造了辉煌灿烂的文化。近代以后，深重的民族危机让一些人产生了文化自卑自弃心理，中华文化的主体性遭受前所未有的挑战。

中国共产党坚定选择马克思主义，同时继承和发展中华优秀传统文化，坚持把马克思主义基本原理同中国具体实际相结合、同中华优秀传统文化相结合。历史和实践充分表明，"两个结合"是我们取得成功的最大法宝。习近平总书记在文化传承发展座谈会上强调："'结合'巩固了文化主体性。文化自信就来自我们的文化主体性。创立新时代中国特色社会主义思想就是这一文化主体性的最有力体现。"党领导人民推进"两个结合"的历史进程，也是不断巩固文化主体性的文明发展历程。这种结合不是简单的叠加，而是深入的融合。"结合"打开了创新空间，让我们掌握了思想和文化主动，推动马克思主义中国化时代化不断取得新突破。在"结合"中，我们坚持守正不守旧、尊古不复古的进取精神，推动中华优秀传统文化创造性转化、创新性发展。"结合"进一步巩固了中华民族和中国人民的文化主体性，有力推动了中国特色社会主义文化建设。

创新是文化的生命力所在，创新能力强则文化的主体性强。中国式现代化是从中华大地长出来的现代化，借鉴吸收一切人类优秀文明成果，既有各国现代化的共同特征，更有基于自己国情的鲜明特色。新时代以来，我们党将中华优秀传统文化融入中国式现代化的伟大实践，铸就了中国式现代化的文化形态，让马克思主义成为中国的，中华优秀传统文化成为现代的。中华优秀传统文化中蕴含的天下为公、民为邦本、为政以德、革故鼎新、任人唯贤、天人合一、自强不息、厚德载物、讲信修睦、亲仁善邻等，已经深深融入中国式现代化之中。如，全体人民共同富裕体现着民本思想，物质文明和精神文明协调发展体现着"仓廪实而知礼节，衣食足而知荣辱"的理念，人与自然和谐共生体现着天人合一的智慧，等等。中华优秀传统文化的创造性转化、创新性发展，不仅为中国式现代化提供了有益滋养，对于解决现代社会人类面临的难题也具有重要启示意义，充分彰显了巩固文化主体性的重大意义和时代价值。

文明因交流而多彩，文明因互鉴而丰富。巩固文化主体性和文明交流互鉴并不矛盾而是相互促进的：巩固文化主体性有利于文明交流互鉴，文明交流互鉴也有利于巩固文化主体性。巩固文化主体性绝不是故步自封，而是要更加自信地推动文明交流互鉴，以开放的心态自主学习借鉴外来文化，并在此基础上创新发展本民族文化。这是文化自觉、文化自信的重要体现。面向未来，我们要在巩固文化主体性的同时，积极与其他文明交流互鉴，向世界展现中华文明的魅力，促进形成各美其美、美美与共的世界文明百花园，为推动中华文明重焕荣光、促进人类社会进步作出更大贡献。

《人民日报》（2023 年 10 月 12 日第 09 版）

深刻把握巩固文化主体性的
重要意义

臧 花

习近平总书记在文化传承发展座谈会上强调:"任何文化要立得住、行得远,要有引领力、凝聚力、塑造力、辐射力,就必须有自己的主体性。"文化主体性表现为对本民族文化的历史渊源、发展进程、地位作用等有清醒认知与高度认同,彰显出主体意识与自信态度。我们要深刻把握巩固文化主体性的重要意义,坚定历史自信、文化自信,不断培育和创造新时代中国特色社会主义文化。

为文化自信提供根本依托。国家的发展、民族的兴旺离不开坚定的文化自信。有了文化主体性,就有了文化意义上坚定的自我，文化自信就有了根本依托。中华民族的文化主体性，既植根于五千多年中华文明的深厚沃土，也立足于中国特色社会主义伟大实践。巩固文化主体性，既需要深入了解中华文明的历史渊源、形成过程、发展趋向等，深刻把握中华文明的突出特性，坚定对自身文化价值、文化生命力的信念，增强文化自信；也需要全面把握当代中国在经济、政治、文化、社会、生态文明等领域取得的巨大成就，把握中国式现代化对人类文明的积极贡献，深刻认识新时代党和国家事业蓬勃发展为巩固文化主体性奠定了坚实物质基础，从而更好立足新的实践推动文化繁荣发展。

为我们党引领时代注入文化力量。我们党历来重视文化，注重以先进文化引领和推动社会进步。我们的文化主体性，是党带领中国人民通过把马克思主义基本原理同中国具体实际、同中华优秀传统文化相结合建立起来的。新时代，社会主义文化强国建设迈出坚实步伐，我们的文化主体性不断巩固。创立习近平新时代中国特色社会主义思想是这一文化主体性的最有力体现。在习近平新时代中国特色社会主义思想科学指引下，中国共产党和中国人民团结奋斗、砥砺奋进，展现出更加自信、自立、自强的精神风貌，大大增强做中国人的志气、骨气、底气。巩固文化主体性，要坚持以习近平新时代中国特色社会主义思想为指导，坚定不移走中国特色社会主义文化发展道路，不断增强实现民族复兴的精神力量。

为增强国家认同奠定文化基础。习近平总书记指出："中华文明是世界上唯一绵延不断且以国家形态发展至今的伟大文明。这充分证明了中华文明具有自我发展、回应挑战、开创新局的文化主体性与旺盛生命力。"以文化主体性为基础建构起的国家认同，是中华民族凝心聚力的坚固基石。经过数千年积淀的中华优秀传统文化，蕴含着天下为公、民为邦本等治理之道，自强不息、厚德载物等道德理念，知行合一、未雨绸缪等思想方法。这些文化基因深深影响着中国人民的精神世界，铸就深厚的家国情怀和深沉的历史意识，成为国家认同感、民族自豪感的文化源泉。巩固文化主体性，就要传承好、发展好中华优秀传统文化，坚持古为今用、推陈出新，推动中华优秀传统文化创造性转化、创新性发展，为铸牢中华民族共同体意识、凝聚团结奋斗的磅礴力量打牢文化基础。

为文明交流互鉴提供坚实支撑。中华文明是开放包容的文明，始终以兼收并蓄的胸怀与其他文明进行交流互鉴。文明借鉴是为了在坚守文化主体性基础上成为更好的自己。当前，世界百年变局加速演进，不同思想文化相互激荡，更加需要巩固文化主体性。要坚持走自己的路，坚守好马克思主义这个魂脉和中华优秀传统文化这个根脉，增强中华文明的传播力影响力；秉持开放包容，更加积极主动地学习借鉴人类创造的一切优秀文明成果，坚持以我为主、为我所用，促进外来文化本土化，推出更多熔铸古今、汇通中西的文化成果，与其他文明一道不断丰富人类文明百花园。

《人民日报》（2023 年 10 月 24 日第 13 版）

巩固中华民族的文化主体性

彭菊花

古往今来，任何文化要立得住、行得远，要有引领力、凝聚力、塑造力、辐射力，都需要有自己的主体性。在文化传承发展座谈会上，习近平总书记深入阐述"两个结合"的重大意义，强调"'结合'巩固了文化主体性""创立新时代中国特色社会主义思想就是这一文化主体性的最有力体现"。新时代新征程，我们要深刻理解习近平总书记关于文化主体性重大论断的重要意义，在坚持党的文化领导权、全面贯彻习近平新时代中国特色社会主义思想、继续推进"结合"、更好担负起新的文化使命中巩固中华民族的文化主体性，努力在实践创造中进行文化创造、在历史进步中实现文化进步。

　　全面贯彻习近平新时代中国特色社会主义思想。习近平新时代中国特色社会主义思想是中华文化和中国精神的时代精华，创立这一重要思想是新时代我们的文化主体性的最有力体现。新时代新征程上继续巩固中华民族的文化主体性，要坚持以习近平新时代中国特色社会主义思想为指导，深入学习贯彻习近平文化思想，深入把握我们党对文化建设的规律性认识，明确做好宣传思想文化工作的根本遵循。要深刻认识到，没有社会主义文化繁荣发展，就没有社会主义现代化，也没有中华民族伟大复兴。我们要坚持以习近平新时代中国特色社会主义思想引领强国建设、民族复兴伟业，在以中国式现代化全面推进中华民族伟大复兴的历史进程中确保文化主体性在正确道路上不断巩固。

　　坚持党的文化领导权。我们党历来重视文化，从成立之日起，既是中国先进文化的积极引领者和践行者，又是中华优秀传统文化的忠实传承者和弘扬者。党的十八大以来，以习近平同志为核心的党中央把文化建设摆在全局工作的重要位置，把文化自信和道路自信、理论自信、制度自信并列为中国特色社会主义"四个自信"。习近平总书记指出："文化自信就来自我们的文化主体性。这一主体性是中国共产党带领中国人民在中国大地上建立起来的"。新时代新征程上继续巩固中华民族的文化主体性，首先要坚持党的文化领导权。要在党的领导下，坚持中国特色社会主义文化发展道路，围绕举旗帜、聚民心、育新人、兴文化、展形象建设社会主义文化强国，发展面向现代化、面向世界、面向未来的，民族的科学的大众的社会主义文化，在推进文化创新创造中不断巩固文化主体性。

继续推进"第二个结合"。习近平总书记指出，中华民族的文化主体性"是通过把马克思主义基本原理同中国具体实际、同中华优秀传统文化相结合建立起来的"。在近代中国最危急的时刻，中国共产党找到了马克思主义。马克思主义以真理之光激活了中华文明的基因，推动了中华文明的生命更新和现代转型；同时，中华优秀传统文化充实了马克思主义的文化生命，推动马克思主义不断实现中国化时代化的新飞跃，从而形成了一个有机统一的新的文化生命体。明所从来，知其将往。新时代新征程，继续巩固中华民族的文化主体性，必须坚持以马克思主义为指导对中华五千多年文明宝库进行全面挖掘，用马克思主义激活中华优秀传统文化中富有生命力的优秀因子并赋予新的时代内涵，将中华民族的伟大精神和丰富智慧更深层次地注入马克思主义，有效把马克思主义思想精髓同中华优秀传统文化精华贯通起来。

更好担负起新的文化使命。继续巩固中华民族的文化主体性与更好担负起新的文化使命相辅相成、相互促进。我们要坚定文化自信，把文化自信融入全民族的精神气质与文化品格，实现精神上文化上的独立自主；坚持开放包容，更加积极主动地学习借鉴人类创造的一切优秀文明成果，创造更多熔铸古今、汇通中西的文化成果；坚持守正创新，努力创造属于我们这个时代的新文化。

《人民日报》（2023 年 11 月 08 日第 13 版）

理论茶座

在巩固文化主体性中不断攀登新的思想高峰

姜　辉

习近平总书记在主持中共中央政治局第六次集体学习时强调："坚定历史自信、文化自信，坚持古为今用、推陈出新，以马克思主义为指导对中华五千多年文明宝库进行全面挖掘，用马克思主义激活中华优秀传统文化中富有生命力的优秀因子并赋予新的时代内涵，将中华民族的伟大精神和丰富智慧更深层次地注入马克思主义，有效把马克思主义思想精髓同中华优秀传统文化精华贯通起来，聚变为新的理论优势，不断攀登新的思想高峰。"一个国家、一个民族，只有具备文化主体性，才能形成文化意义上坚定的自我，实现精神上的独立自主，从而不断推进文明进步和理论创新。在文化传承发展座谈会上，习近平总书记指出："'结合'巩固了文化主体性，创立新时代中国特色社会主义思想就是这一文化主体性的最有力体现。"习近平总书记的重要论述，深刻阐明了"两个结合"特别是"第二个结合"的重大意义，彰显了中国共产党人的文化自觉、文化自信，为在新的历史起点上继续推动文化繁荣、推进理论创新提供了科学指南。

"结合"造就新的文化生命体，巩固了文化主体性

习近平总书记指出："'结合'的结果是互相成就，造就了一个有机统一的新的文化生命体，让马克思主义成为中国的，中华优秀传统文化成为现代的，让经由'结合'而形成的新文化成为中国式现代化的文化形态。""结合"推动形成了有机统一的新的文化生命体，塑造了中国式现代化的文化形态，巩固了中国共产党、中国人民、中华民族的文化主体性。文化主体性的巩固和不断提升，为坚定文化自信提供了根本依托，为我们党引领时代汇聚了强大文化力量。

"结合"推动实现精神上的独立自主。在五千多年中华文明深厚基础上开辟和发展中国特色社会主义，把马克思主义基本原理同中国具体实际、同中华优秀传统文化相结合是必由之路。马克思主义作为我们立党立国、兴党兴国的根本指导思想，是科学的世界观、方法论，是我们认识世界、改造世界的强大思想武器。中华优秀传统文化是中华文明的智慧结晶和精华所在，是我们在世界文化激荡中站稳脚跟的根基。守护好运用好马克思主义这个魂脉、中华优秀传统文化这个根脉，党的理论创新就能在守正创新中永葆旺盛生机活力，不断取得新的重大成果；中国人民和中华民族就能在自信自

立中坚定信仰信念信心，坚定道路自信、理论自信、制度自信、文化自信，真正实现精神上的独立自主。新时代新征程，马克思主义思想精髓同中华优秀传统文化精华有机结合、融会贯通于坚持和发展中国特色社会主义的伟大实践。"结合"巩固了文化主体性，让我们掌握了思想和文化主动，实现精神上的独立自主，激发全民族文化创新创造活力，为强国建设、民族复兴提供强大精神力量。

"结合"激发中华文化繁荣发展的内在生机活力。"第二个结合"推动马克思主义基本原理同中华优秀传统文化由自发自在的彼此契合转化为自觉自为的有机结合，造就了一个有机统一的新的文化生命体。在这一新的文化生命体中，马克思主义成为中国的，中华优秀传统文化成为现代的。一方面，马克思主义基本原理为中华优秀传统文化的创造性转化、创新性发展提供科学世界观和方法论指导，激活了中华优秀传统文化中富有生命力的优秀因子并赋予新的时代内涵，推动中华优秀传统文化在创造性转化、创新性发展中同革命文化、社会主义先进文化融为一体，成为与时代发展相适应、与实践需要相契合、与现代文化相融合的新文化。另一方面，中华民族的伟大精神和丰富智慧更深层次地注入马克思主义，为马克思主义中国化时代化提供了丰厚文化滋养和坚实历史基础，使马克思主义呈现出更多中国特色、中国风格、中国气派，让马克思主义在中国大地上展现出更强大、更有说服力的真理力量。"第二个结合"造就的新的文化生命体，构筑了中国人民自信自立自强的精神家园，汇聚了中华文化繁荣发展的内在生机活力，为文化主体性的巩固提供了有力支撑和显著标识。

坚守好魂和根

习近平总书记指出："马克思主义中国化时代化这个重大命题本身就决定，我们决不能抛弃马克思主义这个魂脉，决不能抛弃中华优秀传统文化这个根脉。坚守好这个魂和根，是理论创新的基础和前提。"正是在深化对马克思主义发展和中华文明发展的规律性认识中，我们党不断巩固文化主体性。我们必须既坚持马克思主义这个立党立国、兴党兴国之本不动摇，又坚持植根本国、本民族历史文化沃土发展马克思主义不停步，这样才能持续巩固文化主体性，继续推进"两个结合"、推进马克思主义中国化时代化。

不断深化对马克思主义发展规律的认识。拥有马克思主义科学理论指导，是马克思主义政党的鲜明品格和独特优势。同时，马克思主义不是教条而是行动的指南，必须随着时代和实践的发展而发展。马克思主义必须中国化才能落地生根、本土化才能深入人心。坚持"两个结合"，不断推进马克思主义中国化时代化的过程，也是我们党对马克思主义发展规律认识不断深化的过程。坚持"两个结合"，我们党立足中华民族的历史实践和当代实践，着眼中国的历史实际和当代实际，用马克思主义真理之"矢"去射历史中国之"的"和新时代中国之"的"，让马克思主义在中国牢牢扎根，始终保持蓬勃生机和旺盛活力。特别是作为又一次的思想解放的"第二个结合"，使马克思主义中国化时代化的根本途径得到进一步拓展，内容更加丰富深厚，理论更具中国特色，让我们以更加巩固的文化主体性不断拓宽理论视野，以海纳百川的开放胸襟学习和借鉴人类社会一切优秀文明成果，在"人类知识的总和"中汲取优秀思想文化资源来创新和发展党的理论，形成兼容并蓄、博采众长的理论大格局大气象。

深化对中华文明发展规律的认识。中华民族有着五千多年源远流长的文明历史，为人类文明进步作出了巨大贡献，但近代以后却陷入了被动挨打的境地。毛泽东指出："自从中国人学会了马克思列宁主义以后，中国人在精神上就由被动转入主动。"一百多年来，我们党在实现中华民族伟大复兴历史进程中坚持推进"两个结合"，不断深化对中华文明发展规律的认识，奋力推进文化自信自强，创造了中国式现代化新道路，创造了人类文明新形态。中国式现代化深深植根于中华优秀传统文化，体现科学社会主义的先进本质，借鉴吸收一切人类优秀文明成果，代表人类文明进步的发展方向，展现了不同于西方现代化模式的新图景，是一种全新的人类文明形态。中国式现代化赋予中华文明以现代力量，中华文明赋予中国式现代化以深厚底蕴。中国式现代化创造的人类文明新形态，坚持人民至上、共同富裕、物质文明与精神文明相协调、人与自然和谐共生、和平发展，推动物质文明、政治文明、精神文明、社会文明、生态文明协调发展，促进人的全面发展和社会全面进步，为人类文明发展作出重大贡献。

继续推进实践基础上的理论创新

人类社会的每一次跃进，人类文明的每一次升华，无不伴随文化的历史性进步。习近平新时代中国特色社会主义思想是当代中国马克思主义、二十一世纪马克思主义，是中华文化和中国精神的时代精华，是"两个结合"的光辉典范，实现了马克思主义中国化时代化新的飞跃。这一重要思想坚持把马克思主义基本原理同中国具体实际相结合、同中华优秀传统文化相结合，科学回答了中国之问、世界之问、人民之问、时代之问。创立习近平新时代中国特色社会主义思想是文化主体性的最有力体现。

习近平新时代中国特色社会主义思想，坚持古为今用、推陈出新，把马克思主义思想精髓同中华优秀传统文化精华贯通起来、同人民群众日用而不觉的共同价值观念融通起来。习近平总书记强调："传承中华文化，绝不是简单复古，也不是盲目排外，而是古为今用、洋为中用，辩证取舍、推陈出新，摒弃消极因素，继承积极思想，'以古人之规矩，开自己之生面'，实现中华文化的创造性转化和创新性发展。"在习近平新时代中国特色社会主义思想科学指引下，我们党充分运用中华优秀传统文化宝贵资源，以现代视野接续中华文脉，不断推进马克思主义基本原理同中华优秀传统文化在制度、文化、价值观等方面的深度结合。立足历史发展和时代需要，我们党将制度层面的中华优秀文明成果创造性转化为国家治理体系和治理能力现代化的重要支撑；将文化层面的中华优秀文明成果创造性转化为文化自信的重要基础；将价值观层面的中华优秀文明成果创造性转化为中国特色社会主义核心价值观的重要内容；将历史观层面的中华优秀文明成果创造性转化为中国道路的历史基础；将中华人文精神层面的优秀文明成果创造性转化为中国精神，推动中华文明从传统形态跃升为现代形态，让中国人民具备了更为主动的精神力量，极大巩固了当代中国的文化主体性。

习近平总书记指出："开辟马克思主义中国化时代化新境界的重大任务，是当代中国共产党人的庄严历史责任。"在"两个大局"加速演进并深度互动的时代背景下，人类社会面临许多亟待解决的共同问题，我国改革发展稳定、内政外交国防、治党治国治军等各个领域也都面临着一系列新的重大课题，中国之问、世界之问、人民之问、时代之问给我们提出的新考题比过去更复杂、更难，迫切需要我们从理论与实践的结合上提交答案。我们要坚持文化主体性，以更宽广的视野、更长远的眼光把握世界历史的发展脉络和正确走向，继续推进实践基础上的理论创新。要聆听人民心声、回应现实需要，坚持解放思想、实事求是、守正创新，继续推进"两个结合"，让当代中国马克思主义、二十一世纪马克思主义展现出更为强大、更有说服力的真理力量。

中华民族伟大复兴必须以中华文化发展繁荣为条件。在新的历史起点上继续推动文化繁荣、建设文化强国，必须坚持以习近平新时代中国特色社会主义思想为指导，更好担负起新的文化使命，坚定文化自信、秉持开放包容、坚持守正创新，立足中华民族伟大历史实践和当代实践，用中国道理总结好中国经验，把中国经验提升为中国理论，不断攀登新的思想高峰，推动中华文明重焕荣光，为实现中华民族伟大复兴的中国梦提供强大精神力量。

《人民日报》(2023年09月05日第09版)

在巩固文化主体性中推进理论创新

曹文泽

一百多年来，我们党坚持把马克思主义基本原理同中国具体实际、同中华优秀传统文化相结合，开启了广阔的理论和实践创新空间。习近平总书记指出："'第二个结合'让我们掌握了思想和文化主动，并有力地作用于道路、理论和制度。""马克思主义中国化时代化这个重大命题本身就决定，我们决不能抛弃马克思主义这个魂脉，决不能抛弃中华优秀传统文化这个根脉。坚守好这个魂和根，是理论创新的基础和前提。"继续推进实践基础上的理论创新，必须坚定历史自信、文化自信，坚持古为今用、推陈出新，以马克思主义为指导对中华五千多年文明宝库进行全面挖掘，用马克思主义激活中华优秀传统文化中富有生命力的优秀因子并赋予新的时代内涵，将中华民族的伟大精神和丰富智慧更深层次地注入马克思主义，在巩固文化主体性中坚持和发展当代中国马克思主义、二十一世纪马克思主义。

坚定历史自信、文化自信

不忘本来才能开辟未来，善于继承才能更好创新。坚持植根本国、本民族历史文化沃土发展马克思主义不停步，首先要正确认识中华优秀传统文化，牢固树立历史自信、文化自信。习近平总书记指出："中华民族生生不息绵延发展、饱受挫折又不断浴火重生，都离不开中华文化的有力支撑。中华文化独一无二的理念、智慧、气度、神韵，增添了中国人民和中华民族内心深处的自信和自豪。"以大历史观来看，今天的中国是从数千年历史中走来的中国，中华文明具有突出的连续性、创新性、统一性、包容性、和平性。正确把握中华文明的突出特性，是正确认识中华优秀传统文化的前提。中华文明是世界上最古老的文明之一，也是唯一绵延不断并以国家形态发展至今的伟大文明。这一伟大文明孕育了源远流长的中华优秀传统文化。中华优秀传统文化有着深刻的思想体系、丰富的科技文化艺术成果、独特的制度创造，是中华文明的智慧结晶和精华所在，是我们在世界文化激荡中站稳脚跟的根基，是我们最深厚的文化软实力。

马克思主义不是教条，而是科学方法，只有在与各国具体实际和历史文化传统相结合中，才能不断化抽象为具体，进而实现创新发展。一百多年来，党领导人民在革命、建设、改革中坚持把马克思主义基本原理同中国具体实际相结合、同中华优秀传统文化相结合，取得了毛泽东思想、邓小平理论、"三个代表"重要思想、科学发展观、习近平新时代中国特色社会主义思想等重大理论成果，指导我们在实现中华民族伟大复兴的历史进程中不断从胜利走向新的胜利，不仅充分证明了马克思主义的科学性和真理性，也充分彰显了中华优秀传统文化的生命力和创造力。中华优秀传统文化为马克思主义在中国大地生根发芽、开花结果提供了文化沃土。

党的十八大以来，习近平总书记站在坚持和发展新时代中国特色社会主义的战略高度，深刻阐明中华优秀传统文化的丰富内涵和时代价值，深刻揭示中华优秀传统文化同科学社会主义价值观主张的高度契合性，为我们坚定历史自信、文化自信，不断推进理论创新指明了前进方向、提供了根本遵循。事实证明，只有植根历史文化沃土发展马克思主义，马克思主义才能真正在中国落地生根，实现中国化时代化；只有与马克思主义相结合，中华优秀传统文化才能在科学理论指导下焕发勃勃生机与旺盛活力。我们要坚定历史自信、文化自信，充分汲取中华优秀传统文化精华，在推进"第二个结合"中不断拓展马克思主义中国化时代化的广阔空间，让马克思主义充分展现指导实践、改造世界、开辟未来的真理力量。

坚持古为今用、推陈出新

习近平总书记指出："只有坚持从历史走向未来，从延续民族文化血脉中开拓前进，我们才能做好今天的事业。"只有植根历史文化沃土，马克思主义真理之树才能根深叶茂。中华优秀传统文化是中华民族在五千多年的历史长河中积淀形成、反映中华民族精神风貌和优秀特质的灿烂文化，是世界文化宝库中的瑰宝。中华民族具有守正不守旧、尊古不复古的进取精神。坚持植根历史文化沃土发展马克思主义，不是"食古不化"，简单复兴传统文化，更不是以中华优秀传统文化替代马克思主义，而是要"以古人之规矩，开自己之生面"，坚持古为今用、推陈出新。

新时代，推进马克思主义中国化时代化的任务不是轻了，而是更重了。习近平总书记着眼强国建设、民族复兴伟业，科学回答中国之问、世界之问、人民之问、时代之问，围绕坚持古为今用、推陈出新提出一系列新思想新观点新论断。习近平总书记指出："在学习、研究、应用传统文化时坚持古为今用、推陈出新，结合新的实践和时代要求进行正确取舍，而不能一股脑儿都拿到今天来照套照用。要坚持古为今用、以古鉴今，坚持有鉴别的对待、有扬弃的继承，而不能搞厚古薄今、以古非今，努力实现传统文化的创造性转化、创新性发展，使之与现实文化相融相通，共同服务以文化人的时代任务。"习近平总书记的重要论述深刻启示我们，坚持古为今用、推陈出新，关键是要推动中华优秀传统文化创造性转化、创新性发展。

要在全面深入了解中华文明历史的基础上，处理好继承和发展的关系，坚持推进"第二个结合"。具体而言，要按照时代特点和要求，对中华优秀传统文化中那些至今仍有借鉴价值的内涵和陈旧的表现形式加以改造，赋予其新的时代内涵和现代表现形式，实现创造性转化，使之焕发新的时代光彩；要根据时代的新进步新进展，对中华优秀传统文化的内涵加以补充、拓展、完善，实现创新性发展，不断增强中华优秀传统文化的影响力和感召力。经过创造性转化、创新性发展，使中华优秀传统文化同当代中国相适应、同现代社会相协调、同革命文化和社会主义先进文化相融通，并将其中跨越时空、超越国度、富有永恒魅力、具有当代价值的文化精神弘扬起来，做到古为今用、推陈出新，使中华优秀传统文化成为现代的，让经由"结合"而形成的创新理论具有更加深厚的文化根基。

坚持全面挖掘、深层注入

"以马克思主义为指导对中华五千多年文明宝库进行全面挖掘""将中华民族的伟大精神和丰富智慧更深层次地注入马克思主义"，习近平总书记的重要论述对于我们坚持植根历史文化沃土发展马克思主义、不断推进马克思主义中国化时代化具有重要意义，体现了坚守文化根脉推进理论创新的内在要求。必须在坚定历史自信、文化自信，坚持古为今用、推陈出新的基础上，进一步做到全面挖掘、深层注入，从而适应新的时代要求，聚变为新的理论优势，攀登新的思想高峰。

丰富多彩的中华文明，具有讲仁爱、重民本、守诚信、崇正义、尚和合、求大同的精神特质和发展形态，形成了独具特色、博大精深的价值观念和文明体系。其中蕴含的治国理政的思想智慧、格物究理的思想方法、修身处世的道德理念等，为推进马克思主义中国化时代化提供了丰厚的精神文化滋养。习近平总书记强调："在更广阔的文化空间中，充分运用中华优秀传统文化的宝贵资源，探索面向未来的理论和制度创新。"这要求我们坚持以马克思主义为指导对中华五千多年文明宝库进行全面挖掘，特别是要把握好习近平新时代中国特色社会主义思想的世界观和方法论，坚持好、运用好贯穿其中的立场观点方法，深入提炼中华优秀传统文化的精神标识，系统总结中华优秀传统文化中与马克思主义相融通的思想资源，从而更好掌握推进理论创新的主动，不断巩固文化主体性。

全面挖掘是为了更好实现深层注入。我们党历来重视探索将中华优秀传统文化注入马克思主义的有效途径和方式方法，推动形成深入人心的创新理论。例如，新民主主义革命时期，毛泽东对"实事求是"这一成语作出马克思主义的阐释；改革开放和社会主义现代化建设新时期，邓小平借用《诗经》中的"小康"一词描绘中国式现代化的阶段性目标，等等。党的十八大以来，以习近平同志为核心的党中央注重将中华民族的伟大精神和丰富智慧更深层次地注入马克思主义，努力运用人民群众易于接受、晓畅易懂的中国话语阐明马克思主义的道理学理哲理，使马克思主义不仅具有"中国形式"，更具有"中国内涵"，在更高起点、更大范围、更深层次上实现马克思主义和中华优秀传统文化有机结合。比如，以《韩非子》中的"事在四方，要在中央"生动说明坚决维护党中央权威和集中统一领导这一马克思主义建党学说的重要内容，推动"四个意识""两个维护"在党员、干部内心深处牢牢扎根。新征程上，坚持植根本国、本民族历史文化沃土发展马克思主义不停步，要在形式层面实现马克思主义中国化时代化表达的基础上，进一步深入内容层面，在将中华民族的伟大精神和丰富智慧更深层次地注入马克思主义上下更大功夫，不断推进"让马克思主义成为中国的"历史进程，从而有效把马克思主义思想精髓同中华优秀传统文化精华贯通起来。

《人民日报》（2023 年 09 月 14 日第 09 版）

深刻理解和把握文化主体性

向玉乔

习近平总书记指出："任何文化要立得住、行得远，要有引领力、凝聚力、塑造力、辐射力，就必须有自己的主体性，""有了文化主体性，就有了文化意义上坚定的自我，文化自信就有了根本依托，中国共产党就有了引领时代的强大文化力量，中华民族和中国人民就有了国家认同的坚实文化基础，中华文明就有了和世界其他文明交流互鉴的鲜明文化特性"。习近平总书记的重要论述深刻阐明了文化主体性的重大意义与时代价值，深化了对文化建设的规律性认识，对于激发全民族文化创新创造活力、更好担负起新时代新的文化使命具有重要指导意义。

主体性问题是哲学研究的核心问题之一。主体性作为一个关系范畴，指的是人在实践活动中与对象性客体形成的关系、地位、作用和影响的性质。文化主体性是中华民族主体性的文化表征，是在推动文化发展过程中表现出来的具有自主性、能动性等的价值理念和存在状态，是有别于其他民族的鲜明文化特质和独特价值体系。文化主体性凸显出一个民族对自身文化的自觉意识和自信程度。纵观人类社会发展史，任何民族要做到自立自强，就必须具有文化主体性。

中华民族的文化主体性植根于五千多年源远流长、博大精深的中华文明。从文化传统来看，中华文明是世界上唯一自古延续至今、从未中断的文明，尽管内容不断更新，形式不断演变，但最核心的优秀文化要素始终存在、生生不息。多重因素的综合作用，使得中华民族在历史发展中逐渐形塑了一种独立的、自成一体的民族心态与文化心理，造就了中华文明自我发展、回应挑战、开创新局的文化主体性与旺盛生命力，形成了愈益明确的中华民族的文化认同。依托这种精神和文化层面上的自省、自主、自为，中华儿女自主创造的悠久璀璨、精深厚重的中华文明，呈现出不同于世界其他文明形态的独特魅力。

近代以来，西方文化思潮的涌入，一度使中国人的文化传统和精神世界遭受冲击，一些人的文化主体性日渐迷失，如何重新挺起文化脊梁成为关系中华民族生存发展的重大问题。中国共产党自成立之日起，就肩负着领导国家独立、民族解放的重任，同时承担起巩固文化主体性、赓续民族精神血脉的历史使命。我们党作为具有高度文化自觉的马克思主义政党，既是中国先进文化的积极引领者和践行者，又是中华优秀传统文化的忠实传承者和弘扬者。1938 年，毛泽东在党的六届六中全会上指出："今天的中国是历史的中国的一个发展；我们是马克思主义的历史主义者，我们不应当割断历史。从孔夫子到孙中山，我们应当给以总结，承继这一份珍贵的遗产。"

这表明我们党深刻认识到，民族文化的主体性不能消解，民族文化的连续性不容中断。新中国成立后，我们党将"百花齐放、百家争鸣"方针确定为繁荣和发展社会主义科学文化事业的指导方针。在改革开放和社会主义现代化建设新时期，我们党坚持一手抓物质文明、一手抓精神文明，推动社会主义文化繁荣发展，振奋了民族精神，凝聚了民族力量。

进入新时代，以习近平同志为核心的党中央把文化建设提升到一个新的历史高度，把文化自信和道路自信、理论自信、制度自信并列为中国特色社会主义"四个自信"，强调文化自信是更基础、更广泛、更深厚的自信，是更基本、更深沉、更持久的力量；用"九个坚持"高度概括我们党对宣传思想工作的规律性认识；明确文化建设方面的"十四个强调"，鲜明提出坚持党的文化领导权、深刻理解"两个结合"、担负起新的文化使命等重大创新观点；对宣传思想文化工作提出"七个着力"的重要要求；等等。习近平总书记在新时代文化建设方面的新思想新观点新论断，是新时代党领导文化建设实践经验的理论总结，丰富和发展了马克思主义文化理论，形成了习近平文化思想，为推进文化强国建设提供了科学指引。习近平文化思想明体达用、体用贯通，标志着我们党对中国特色社会主义文化建设规律的认识达到了新高度，表明我们党的历史自信、文化自信达到了新高度，使我们民族的文化主体性得以巩固提升和充分彰显，为我们构筑文化认同并通过文化认同增进政治认同和国家认同夯实了深厚的精神根基。

文化主体性是中华文明得以创造的基础，也是中华文化立得住、行得远的动力源泉。习近平总书记提出了新时代新的文化使命，为我们增强文明传承、文化创新的历史自觉，丰富和发展人类文明新形态指明了前进方向。面向未来，我们必须坚持以习近平新时代中国特色社会主义思想为指导，深入学习贯彻习近平文化思想，保持对自身文化理想、文化价值的高度信心，保持对自身文化生命力、创造力的高度信心，持续巩固文化主体性，培塑文化的民族性自觉与世界性观照，筑牢中华民族屹立于世界民族之林的文化根基，凝聚起全面推进中国式现代化的强大精神力量。

守好魂脉和根脉。马克思主义是我们立党立国、兴党兴国的根本指导思想，中华优秀传统文化是中华文明的智慧结晶和精华所在。我们党坚持把马克思主义基本原理同中国具体实际、同中华优秀传统文化相结合，造就了一个有机统一的新的文化生命体。"结合"巩固了文化主体性，创立习近平新时代中国特色社会主义思想就是这一文化主体性的最有力体现。新征程上，坚守好马克思主义这个魂脉和中华优秀传统文化这个根脉，坚持"两个结合"，植根本国、本民族历史文化沃土发展马克思主义，使马克思主义显示出日益鲜明的中国风格与中国气派；同时以马克思主义为指导对中华五千多年文明宝库进行全面挖掘，以真理之光激活中华文明的基因，不断推动中华文明的生命更新和现代转型，有效把马克思主义思想精髓同中华优秀传统文化精华贯通起来，聚变为新的理论优势，不断攀登新的思想高峰，我们的文化主体性就会更加稳固，中华文明就会持续焕发新的荣光。

激发历史主动精神。历史唯物主义认为，人民群众是历史的创造者，在创造历史中起决定性作用，是历史发展和社会进步的主体力量。中华民族的文化主体性是全体中华儿女在创造、传承和发展中华文化的历史进程中锻造而成的，充分彰显了人民群众在文化实践中的主体力量和主体地位。必须紧紧依靠人民群众，充分发挥其创造智慧和能力，激发人民群众以高度的自觉性、能动性和创造性传承发展中华文明。在这一过程中，也要关注个体的多样化需求，提升全民族文化素养，让每个人充实自身的文化生命，将文化自信融入精神品格中，以健全的自我意识参与文化实践，形成昂扬向上的文化风貌。

加强文明交流互鉴。交流互鉴是文明发展的本质要求。只有同其他文明交流互鉴、取长补短，一种文明才能保持旺盛生命活力。每一种文明既具有民族性，又具有世界性。不同的文明尽管特色各异，但总是包含着一些关于人类生存发展的共同认知和精神追求，因而具有共通性。这种共通性为不同文明交流互鉴提供了根据和基础。巩固文化主体性和文明交流互鉴并不矛盾，而是相辅相成、相互促进的。一方面，主体性作为一个民族文化生命的根本维系，是民族精神得以挺立的思想标识，有了文化主体性，我们的文明就能在与世界其他文明交流互鉴中凸显文化特性、彰显文明力量。另一方面，巩固文化主体性绝不是故步自封，而是要以平等包容的态度、海纳百川的胸襟学习和借鉴人类社会一切优秀文明成果，并在此基础上不断完善自己，创新发展本民族文化，使中华文明始终在兼收并蓄中历久弥新、更具活力。

《人民日报》（2024 年 05 月 22 日第 09 版）

深刻理解文化主体性的
理论突破与价值意蕴

张志强

习近平总书记指出："任何文化要立得住、行得远，要有引领力、凝聚力、塑造力、辐射力，就必须有自己的主体性。"巩固文化主体性是形成文化意义上坚定的自我、自觉担负新时代的文化使命的基础和前提。新时代中国特色社会主义文化建设的伟大实践，推动了习近平文化思想的形成，也在习近平文化思想的指引下不断发展。在习近平文化思想中，始终贯穿着一条清晰的主线，那就是在坚定文化自信、确立文化主体性的过程中做好"两个结合"。文化主体性是习近平文化思想的原创性概念、标识性概念。作为"两个结合"光辉典范的习近平新时代中国特色社会主义思想，是文化主体性的最有力体现。深刻理解文化主体性的理论突破与价值意蕴，对于学深悟透习近平文化思想的原创性贡献，深刻把握新时代文化建设的主题和使命，扎实推进社会主义文化强国建设具有重要意义。

全面把握文化主体性的内涵与层次

文化主体性内涵丰富、意蕴深远，可以从三个方面来把握和理解。首先是"一个特性"，即精神上的独立自主。习近平总书记从精神独立自主的角度强调文化主体性，指出"坚定文化自信，是事关国运兴衰、事关文化安全、事关民族精神独立性的大问题""如果没有自己的精神独立性，那政治、思想、文化、制度等方面的独立性就会被釜底抽薪"。有了文化主体性，就有了文化意义上坚定的自我，就能保持精神上的独立性、自主性，不依附、不受制、不屈服于他人，不为各种错误观点所左右，这是文化主体性的本质属性，是中华民族在历史洪流中屹立不倒、挺立潮头的有力支撑，是我们党团结带领人民独立自主走自己的路，取得经济、政治等诸多领域重大成就，迎来从站起来、富起来到强起来伟大飞跃的重要保障。

其次是"两对关系"。一是文化主体性与主体性的关系。主体性是哲学的重要范畴。文化是确立主体性的重要因素，没有脱离文化的孤立的绝对个体意义上的主体性。文化主体性是个人通过文化将自己与国家和民族融为一体的力量，也是一个国家和民族不断进行文化创造的源泉。一个国家和民族的文化独特性是文化主体性的内在根据，文化主体性主要表现为对自身的文化传统、价值观念、精神信仰等的坚持与发展，是文化传承发展的自觉性、自主性、能动性、创造性的有机统一。文化主体性是捍卫自身独立性的集体精神和群体意志的展现。二是文化主体性与文化生命体的关系。在习近平文化思想中，还有一个原创性概念、标识性概念是"文化生命体"。只有立足于文化生命体生成发展，才能全面理解文化主体性的含义。一个文化生命体要成长，必须立足于其自身生存发展的需要，必须强调精神独立和意志自主。没有精神独立和意志自主、没有文化主体性的文化生命体，是将自身生命体的成长依附于他者的生命体，不仅会萎靡不振，更会枯萎凋敝，最终导致生命力衰竭。文化生命体是文化主体性的重要基础，建立在文化生命体基础上的文化主体性，才是最真实、最牢固、最有根基的文化主体性。

最后是"三个层次"。第一个层次是中华文明的主体性，这是最深层次的文化主体性。中华文明的主体性是通过"第二个结合"巩固起来的，是建立在中华文明根基上的文化主体性。第二个层次是中华民族的主体性。中华文明的主体性必须通过中华民族的主体性表达出来。因为中华民族和中华文明是相互成就、相互塑造的，中华文明既是中华民族创造的结晶，也是塑造中华民族的力量。中华文明具有突出的连续性、创新性、统一性、包容性、和平性，从根本上决定了中华民族走自己的路，让中华民族旧邦新命，在创新中连续发展，在包容中统一壮大，让中华民族守正不守旧、尊古不复古，让中华民族成为各民族融为一体、团结凝聚的共同体，让中华文明在兼容并蓄人类文明的一切优秀成果中，成为人类历史上唯一以国家形态延续至今的伟大文明。正是经由文化生命体，中华文明的主体性和中华民族的主体性相互支撑、互为表里，在5000多年的历史长河中不断创造出新的文化生命体，不断开辟出中华文明新境界，不断展现着中华民族的生机。第三个层次是中国共产党的主体性。中国共产党的主体性是中国共产党领导中国人民在革命、建设、改革的伟大实践中建立起来的，是在激活中华文明和中华民族的主体性的实践中建立起来的。中华文明和中华民族的主体性与中国共产党的主体性相互融合，铸就新时代中国特色社会主义文化主体性，这一主体性最为有力地体现在习近平新时代中国特色社会主义思想中，最为有力地体现在新时代的伟大实践中。

文化主体性的建立过程与最有力体现

习近平总书记指出："文化自信就来自我们的文化主体性。这一主体性是中国共产党带领中国人民在中国大地上建立起来的；是在创造性转化、创新性发展中华优秀传统文化，继承革命文化，发展社会主义先进文化的基础上，借鉴吸收人类一切优秀文明成果的基础上建立起来的；是通过把马克思主义基本原理同中国具体实际、同中华优秀传统文化相结合建立起来的。创立新时代中国特色社会主义思想就是这一文化主体性的最有力体现。"这一重要论述深刻揭示了文化主体性的确立过程与最有力体现。

文化主体性的建立，是一个现实的历史的实践过程，也是精神和思想的发展进程。中华文明是世界上唯一绵延不断且以国家形态发展至今的伟大文明。中华文明 5000 多年的发展，就是中华文明具有回应挑战、开创新局的文化主体性与旺盛生命力的最生动体现。回望中国历史，中华民族是从不畏惧变化的民族，中华文明也是能够坦然面对困难与挑战的文明，我们总是能够化危机为契机，在危局中开新局，一次次走出困境，在"承敝通变"中"穷变通久"，一次次从实际出发进行因应时势的创造，这些都根源于中华文明和中华民族的主体性。比如，我们能够在学习吸收佛教文化的同时将其中国化，这深刻体现了中华文明的主体性。中华文明的主体性就是中华文明的生命力所在。在今天中国大地上如火如荼进行着的中国式现代化伟大实践，也正是中国共产党领导中国人民立足于中华文明和中华民族的主体性，在中国大地上创造出来的现代化。中国式现代化是中华民族的旧邦新命，是在中华文明根基上走出来的现代化，是实现了传统与现代有机衔接的现代化。中国式现代化为发展中国家实现现代化探索出一条全新道路，摆脱了西方现代化为发展中国家设定的传统与现代对立的模式，创造出人类文明新形态。中国式现代化生动昭示，只有立足于文化主体性，才会真正获得现代化的成功，也只有在不断巩固文化主体性的过程中，才能走出真正属于自己的道路。

中华文明和中华民族的主体性也经历过文明蒙尘、民族蒙辱、人民蒙难的困顿时刻，但越在遭遇困难挑战的时刻，中华民族和中华文明反而越挫越勇，更加激发出蓬勃的发展伟力。中国共产党是中华文明和中华民族昂扬生机的代表，以"国土不可分、国家不可乱、民族不可散、文明不可断"的信念团结凝聚全体中华儿女，推动中华民族不断地从自在走向自觉，从自觉走向自强，彻底激活了中华文明的主体性，从根本上代表了中华民族的主体性。中国共产党带领中国人民取得革命、建设、改革伟大胜利，中国特色社会主义进入新时代。在这一历史进程中，中国共产党扎根中国大地进行了中华文明和中华民族最深刻最广泛的实践创新。中华文明和中华民族的创新创造活力，彰显了文化主体性的力量。习近平新时代中国特色社会主义思想最为有力地体现了这种文化主体性，本身就是新时代文化创造的最伟大成果。

从文化主体性看习近平文化思想的原创性贡献

文化主体性使习近平新时代中国特色社会主义思想成为一个完整严密的科学理论体系。中华民族迎来从站起来、富起来到强起来的伟大飞跃，强起来不仅仅意味着政治上的独立和经济上的富裕，还要有承载政治独立和经济富裕的强大主体，这个强大的主体就是文化主体。文化主体性的确立，是保证我们政治上独立、经济上强大的根本前提，因此文化主体性的确立和巩固是强起来的一个重要标志。习近平文化思想精准抓住了时代脉搏，使我们能够通过对时代主题的把握，更加深刻地洞察文化主体性的价值意蕴。这不是说以前政治独立里面没有文化主体，经济富裕里面没有文化主体，而是把蕴含在政治独立和经济富裕里面的文化主体性更加凸显、更加彰显，这与习近平文化思想中将文化建设摆在治国理政的突出位置具有内在的一致性。文化主体性是使经济、政治、文化、社会、生态能够成为一体的必要条件，经济、政治、文化、社会、生态背后都能看到文化主体性的存在，也只有巩固起强大的文化主体性，诸领域的成就才能真正凝聚为中华民族伟大复兴的磅礴伟力，推动中国式现代化的伟大实践不断走向成功。因此，从这个角度看，文化主体性的提出，进一步理顺了文化和其他领域之间的关系，将经济建设、政治建设、文化建设、社会建设、生态文明建设统括为一个实践总体，使得习近平新时代中国特色社会主义思想成为完整严密的科学理论体系。

弘扬文化主体性对发展中国家走好现代化道路具有重要的示范意义。中国式现代化道路，是前无古人的理论和实践探索，是体现文化主体性的道路，这对世界上其他发展中国家具有示范性。从传统走向现代的中国道路，是从传统中生长出的现代化道路，这个生长就体现了我们的文化主体性。习近平总书记指出："中国式现代化赋予中华文明以现代力量，中华文明赋予中国式现代化以深厚底蕴。中国式现代化是赓续古老文明的现代化，而不是消灭古老文明的现代化；是从中华大地长出来的现代化，不是照搬照抄其他国家的现代化；是文明更新的结果，不是文明断裂的产物。"这向世界上其他国家尤其是发展中国家表明，要解决好道路问题，就要解决好传统和现代之间的关系问题。这两者并非绝对对立，而是相互生长的关系。生长的前提在于要清醒地认识到这是一条文化生命体自我生长的道路，在这条道路上只有把握好成长发展的主体，即文化主体，才能获得传统与现代之间的生长联系，才能真正地走出自己的道路来。一些发展中国家在追求现代化的进程中走了一条传统和现代相对立的道路，不是用现代彻底否定传统，就是用传统来拒斥现代。这种状况从根本上是率先实现现代化的西方国家给发展中国家设置的吊诡性的处境，用所谓普世的现代化模式来规范所有国家的现代化道路。中国式现代化克服了传统和现代之间的绝对对立关系，让"传统"中可以生长出自己的"现代"来，这个生长本身是文化主体性最深刻的体现。发展中国家要真正走出一条自己的现代化道路来，就必须超越和克服西方现代化的迷思，在立足于自己文化生命体的基础上，把握好自身的文化主体性，处理好传统和现代之间的关系。

以"结合"为巩固文化主体性的根本途径，增强了我们建设社会主义文化强国的坚定性和自觉性。在习近平文化思想中，还有一个原创性贡献，就是指明了巩固文化主体性的根本途径。这一根本途径就是"两个结合"，尤其是"第二个结合"。"两个结合"中的"第一个结合"其实也是文化主体性的体现，马克思主义基本原理同中国具体实际相结合是通过中国共产党这个主体实现的，中国共产党运用马克思主义基本原理同中国具体实际、同中华优秀传统文化相结合，结合本身就是创新创造，而创新创造就是文化主体性最深刻的体现，体现在中国共产党团结带领全国各族人民弘扬中华优秀传统文化、继承革命文化、发展社会主义先进文化、吸收借鉴人类一切优秀文明成果之中。习近平总书记深刻指出："'结合'不是'拼盘'，不是简单的'物理反应'，而是深刻的'化学反应'，造就了一个有机统一的新的文化生命体。""两个结合"是中国共产党文化主体性的体现，通过"第二个结合"实现文明自觉、实现对古老文明的现代转化、实现文化生命体的生长发展、造就新的文化生命体，这本身就是巩固文化主体性的历史进程。文化生命体的提出，使我们能够以更宽广的视野、更长远的眼光来洞察历史发展脉络，实现了传统与现代在文化生命体中的有机衔接，真正让文化主体性建立在深厚的中华文明"肌体"之上。这些都是习近平文化思想的原创性贡献，不仅赋予文化主体性多重内涵，而且对于其内在运行机理形成独到的认识，更重要的是对树立和巩固文化主体性的根本途径进行系统深刻阐述。

当前，世界百年未有之大变局加速演进，中华民族伟大复兴进入关键时期。习近平总书记深刻把握新时代文化建设的主题与使命，以坚定的文化自觉、宏阔的历史视野、深远的战略考量，对为什么要树立文化主体性、我们的文化主体性是怎么样树立的、什么是文化主体性的最有力体现、如何巩固文化主体性等重大问题，进行了全方位、深层次的思考，提出一系列新思想新观点新论断，这既是新时代党领导文化建设实践经验的理论创新与突破，也是新时代做好宣传思想文化工作的根本遵循。我们要在深刻领悟的基础上，真正做到内化、深化和转化，在建设社会主义文化强国、担负起新时代的文化使命的奋斗和实践中展现新气象新作为。

《人民日报》（2025 年 03 月 07 日第 13 版）

文化主体性的价值维度

梅景辉

习近平总书记在文化传承发展座谈会上指出："任何文化要立得住、行得远，要有引领力、凝聚力、塑造力、辐射力，就必须有自己的主体性。中国共产党历来重视文化，新时代我们在道路自信、理论自信、制度自信的基础上增加了文化自信。文化自信就来自我们的文化主体性。"文化是一个国家文明形态独特生命力和创造力的重要源泉。文化主体性是一个国家在发展过程中表现出来的具有自主性、能动性、对象性的独特价值理念的存在状态，也是一个国家区别于其他国家所具有的鲜明文化特质和价值标识。文化主体性是文化自信的根本依托，是一个民族的文化和民族精神屹立于世界民族之林的基本条件，是一个国家中的民众相互认同的坚实文化基础，是一个国家的政治、经济、文化能够形成影响力的根本前提，是一个国家在世界文化的大花园中绽放自身文化特色的核心要素。因此，文化主体性是在国家发展过程中形成强大的文化引领力、凝聚力、塑造力和辐射力的重要力量源泉。

文化主体性的导向性：文化的引领力之源

中华文明在人类文明的发展中具有连续性、创新性、统一性、包容性、和平性的突出特性。中华优秀传统文化作为中华文明的智慧结晶和精华所在，在同马克思主义基本原理的结合中形成的文化主体性，能够在当代文化发展中发挥重要的思想引领和价值引领功能，既为中国特色社会主义文化建设提供不竭的精神动力，也为中华民族伟大复兴提供重要的智慧支持。

中华文化的主体性源于马克思主义基本原理同中国具体实际、同中华优秀传统文化相结合所形成的对中华文化和中国精神的自我认知和自我确证，是将马克思主义的核心价值理念和中华优秀传统文化的价值观念相互融合后，形成的对于自然、社会和个人的总体性认知。经过"结合"所形成的中华文化的主体性，能够破解"古今中西"的文化难题，引领着中国式现代化和人类文明新形态的发展。

在全面建设社会主义现代化国家的历史进程中，文化引领的作用至关重要。习近平总书记强调："中国特色社会主义是全面发展、全面进步的伟大事业，没有社会主义文化繁荣发展，就没有社会主义现代化。"习近平文化思想是在新时代中国特色社会主义文化建设伟大实践中形成并不断丰富发展的，是新时代党领导文化建设实践经验的理论总结。当一个国家有了具有引领性的文化思想，就标志着这个国家的文化主体性已经在理论和实践中得到自我确证，也标志着中华文化的思想引领和价值引领具有确定的目标导向和实践策略，能够在中国式现代化建设中引领物质文明、政治文明、精神文明、社会文明、生态文明协调发展。

文化主体性的向心力：文化的凝聚力之源

任何一个国家的文化主体性形成后，必然相应形成文化的向心力。文化向心力类似于一个同心圆，无论这个国家的构成多么复杂，区域多么宽广，其内在核心的文化思想都必然具有强大的生命力和凝聚力，能够将整个国家的文化成果凝聚成一个文化共同体，从而让全体民众牢固树立共同体意识，为民族国家的发展提供持续的思想动力。当一个国家的文化主体性形成，必然产生文化的磁场效应，凸显出强大的向心力和凝聚力，使人们对国家形成高度的文化认同与价值认同，并将这种文化认同和价值认同传导到不同的区域和群体，从而使国家文化软实力得以全面提升，进而迸发出更为磅礴的思想文化力量，使亿万人民的内心世界和实践行为聚焦国家发展大计。

习近平总书记指出："有了文化主体性，就有了文化意义上坚定的自我，文化自信就有了根本依托，中国共产党就有了引领时代的强大文化力量，中华民族和中国人民就有了国家认同的坚实文化基础，中华文明就有了和世界其他文明交流互鉴的鲜明文化特性。"文化主体性是文化认同、价值认同与国家认同的坚实基础，它能够让人民对本民族本国家的发展理念形成深度认同，能够将亿万民众通过文化认同的方式连接在一起，成为一个具有深厚文化思想底蕴的共同体。通过"两个结合"建立起来的文化主体性成为经济基础与上层建筑同步发展的黏合剂，为中国共产党团结带领全国各族人民全面建设社会主义现代化国家、以中国式现代化全面推进中华民族伟大复兴提供深厚的精神文化滋养。

文化主体性的创造性：文化的塑造力之源

文化的本质是"人化"，是对于人的塑造与培养。"文化"对于一个国家的发展，不仅具有凝聚力和向心力的功能，更具有塑造力和创造力的价值。文化能够塑造一个民族的精神气质和文化特征，也能够塑造一个群体的共同思想旨趣与精神追求，同时文化也能够创造新的文明形态和社会形态，还能够创造新的文化精神和文化成果。文化的塑造力和创造力从本质上就源于文化的主体性，源于文化主体自身具有的多向度的精神文明创造能力和文明形态的创新能力。因为有了文化主体性，中国才能够形成文化塑造力的根基，才能够对人类创造的一切优秀文明成果进行学习借鉴，通过古为今用、洋为中用的方式，创造具有继往开来、守正创新特质的人类文明新形态。

习近平总书记指出，"经过长期努力，我们比以往任何一个时代都更有条件破解'古今中西之争'，也比以往任何一个时代都更迫切需要一批熔铸古今、汇通中西的文化成果"。要用中华文化的主体性来塑造现代文明形态，使"明体达用、体用贯通"成为中华文化塑造力和创造力的重要体现。在"古今中西"文化相互交融的时代，要凸显中华精神和中华文化的主体地位，就需要更深入地理解文化的"主体性"和"客体性"及"对象性"的关系，真正在中华文化主体性的发展中体现中西文化的互鉴性，在中华优秀传统文化和革命文化、社会主义先进文化的交融中体现新时代中国特色社会主义文化建设的创造性。中华文化的主体性和创造性是文化塑造力的根本源泉，使中国式现代化道路有了根本性的文化支撑。

文化主体性的包容性：文化的辐射力之源

文化的传播不是通过简单的线性传播方式，而是通过文化思想的同频共振和文化成果的相互交流，进而形成一种辐射效应。正因为是辐射性的传播方式，所以文化主体性在文化思想和文化成果的传播中发挥着重要作用。在文化传播过程中，文化主体性表现为文化价值主体性和文化认知主体性。在文化价值主体性方面，中华文化有独特的宇宙观、天下观、社会观、道德观等，这些独特的价值观念构成中华文化的主体轴心层，使中华文化的发展与传播总是将自身的主体性价值观念通过不同方式传播至世界各个民族。从文化认知主体性来说，无论是中华文化对亚洲各民族国家文化认知的根本性影响，还是与欧洲各国文化思想的交流互鉴，都表明中华文化在确立自身文化主体性的基础上，对其他民族国家的文化发展具有很强的辐射力和影响力。从根本而言，这种文化辐射力既是中华文化主体性的体现，也是中华文化包容性的体现。海纳百川，有容乃大。习近平总书记指出："交流互鉴是文明发展的本质要求。只有同其他文明交流互鉴、取长补短，才能保持旺盛生命活力。"因此，新时代中华文化的主体性，就是要在不同文化交流互鉴中形成人类文明新形态的基本特质，同时通过文化的交流和传播在国际上展现真实、立体、全面的中国，让世界上更多的人理解中国思想、中国文化和中国价值。

习近平总书记指出："马克思主义中国化时代化这个重大命题本身就决定，我们决不能抛弃马克思主义这个魂脉，决不能抛弃中华优秀传统文化这个根脉。坚守好这个魂和根，是理论创新的基础和前提。"因此，巩固文化主体性就要坚守好魂脉和根脉，就要进一步促进马克思主义基本原理同中华优秀传统文化相结合，进一步增强中华文化的引领力、凝聚力、塑造力和辐射力，通过文化自信、历史自信和价值观自信实现精神上的独立自主。要积极发扬历史主动精神，传承中华优秀传统文化，弘扬革命文化，发展社会主义先进文化，满足人民日益增长的精神文化需求，巩固全党全国各族人民团结奋斗的共同思想基础，不断提升国家文化软实力和中华文化影响力。

《光明日报》（2023 年 11 月 20 日第 15 版）

巩固文化主体性应处理好的
几个关系

侯衍社

任何文化要立得住、行得远，要有引领力、凝聚力、塑造力、辐射力，就必须有自己的主体性。新时代中国的文化主体性，就是党领导人民在文化活动中体现出来的主动性、能动性、创造性，集中体现为对中华优秀传统文化、革命文化和社会主义先进文化的认同、自觉和自信。习近平总书记指出："经过长期努力，我们比以往任何一个时代都更有条件破解'古今中西之争'，也比以往任何一个时代都更迫切需要一批熔铸古今、汇通中西的文化成果。我们必须坚持马克思主义中国化时代化，传承发展中华优秀传统文化，促进外来文化本土化，不断培育和创造新时代中国特色社会主义文化。"这一精辟论述，为我们进一步巩固文化主体性提供了根本遵循。新时代巩固文化主体性，应重点处理好以下几个重要关系。

从根本路径看，处理好魂脉与根脉的关系

习近平总书记从大历史观出发，创造性地提出了"两个结合"的重要论断，科学阐明了马克思主义同中华优秀传统文化相结合的可能性、现实性和极端重要性，精辟阐述了马克思主义这个魂脉和中华优秀传统文化这个根脉的内在关系，强调"马克思主义中国化时代化这个重大命题本身就决定，我们决不能抛弃马克思主义这个魂脉，决不能抛弃中华优秀传统文化这个根脉。坚守好这个魂和根，是理论创新的基础和前提，理论创新也是为了更好坚守这个魂和根"。这一重要论述，阐明了正确处理魂脉和根脉关系的基本原则，指明了新时代巩固文化主体性的根本路径。

马克思主义是我们立党立国的根本指导思想，也是我们进一步巩固文化主体性的指导思想。"自从中国人学会了马克思列宁主义以后，中国人在精神上就由被动转入主动"，独立自主地创造自己文化、自己文明的现代历史。中华优秀传统文化博大精深，蕴含十分宝贵的文化元素，同科学社会主义价值观主张具有高度契合性，因而能够在同马克思主义有机结合的过程中互相渗透、互相成就，不断促进文化主体性的持续建构和提升，为中华民族迎来从站起来、富起来到强起来的伟大飞跃提供强大智力支持和精神力量。

马克思主义这个魂脉在同中华优秀传统文化这个根脉不断结合的长期过程中，造就了一个有机统一的新的文化生命体。一方面，马克思主义以真理之光激活了中华文明的基因，推动了中华文化的

生命更新和现代转型。另一方面，中华优秀传统文化充实了马克思主义的文化生命，推动马克思主义日益显示出鲜明的中国化、民族化的风格气派。魂脉与根脉的有机结合，巩固了文化主体性，创立习近平新时代中国特色社会主义思想就是这一文化主体性的最有力体现。有了这一文化主体性，中华民族就有了坚实的文化基础、鲜明的文化特性和引领时代的强大文化力量。

从主体维度看，处理好党的领导与人民主体的关系

习近平总书记指出："马克思主义中国化时代化成果，都是党和人民实践经验和集体智慧的结晶。"中国共产党是推动马克思主义中国化时代化、建设中华民族新文化的领导力量，广大人民群众在文化建设中发挥着主体作用。巩固文化主体性，必须坚持党的领导与人民主体相统一，处理好文化建设的领导力量和主体力量的关系。

坚持党的领导是巩固文化主体性的根本保障。中国共产党既是马克思主义的坚定信仰者和践行者，又是中华优秀传统文化的忠实继承者和弘扬者。作为最高政治领导力量，党在文化主体性建构中要牢牢掌握领导权，立足时代发展前沿，准确认识和把握文化发展的规律和趋势，将自身的文化自觉转化为人民群众广泛的文化自信，充分调动广大人民群众在文化创新创造中的主体作用，在中国式现代化实践中形成文化自觉和实践主动的双向促进机制。

发挥人民群众主体作用是巩固文化主体性的重要路径。习近平总书记强调："要把满足人民精神文化需求作为文艺和文艺工作的出发点和落脚点，把人民作为文艺表现的主体，把人民作为文艺审美

的鉴赏家和评判者，把为人民服务作为文艺工作者的天职。"人民群众是文化建设的实践主体，也是文化成果的享有者和评判者。文化的创新发展，是随着人民群众的物质生产实践活动而展开的；群众的历史主动性，是推动文化建设、巩固文化主体性的内生动力。

新时代进一步巩固文化主体性，必须旗帜鲜明地坚持党对文化工作的领导权，充分发挥人民群众的首创精神，让一切创造先进文化的动力因素充分激发，让一切创造优势文化产品的源泉充分涌流，在大力推进中国特色社会主义文化建设中持续提升文化领导力量和实践主体力量的自主性、能动性和创造性。

从时间维度看，处理好传统文化与现代文化的关系

长期以来，在对待中国传统文化问题上存在着两种错误倾向：一种是文化保守主义倾向，对中国传统文化全盘肯定，从而走向形形色色的"文化复古主义"；一种是文化虚无主义倾向，对中国传统文化全盘否定，从而走向各种形式的"全盘西化论"。我们党主张历史地、辩证地对待中国传统文化，提出了"古为今用""辩证取舍""推陈出新"等科学解答"古今之争"的思路和原则。习近平总书记指出："'第二个结合'是又一次的思想解放，让我们能够在更广阔的文化空间中，充分运用中华优秀传统文化的宝贵资源，探索面向未来的理论和制度创新。""第二个结合"的伟大意义之一，就在于把我们对中华文化、中华文明的思想认识，从传统文化与现代文化对立的错误和教条式的理解中解放出来，带来我们党和民族关于中华文明新的伟大觉醒。

只有立足波澜壮阔的中华五千多年文明史，才能真正理解中国道路的历史必然、文化内涵与独特优势。习近平总书记提出："如果没有中华五千年文明，哪里有什么中国特色？如果不是中国特色，哪有我们今天这么成功的中国特色社会主义道路？我们要特别重视挖掘中华五千年文明中的精华，把弘扬优秀传统文化同马克思主义立场观点方法结合起来，坚定不移走中国特色社会主义道路。"中华优秀传统文化源远流长、博大精深，塑造出中华文明的连续性、创新性、统一性、包容性、和平性等突出特性，具有不可替代的重要价值。故步自封、陈陈相因谈不上传承，割断血脉、凭空虚造不能算创新。在新时代巩固中国文化主体性，就要以中国式现代化为指向，以"两个结合"为遵循，不断推动中华优秀传统文化创造性转化和创新性发展，引导其积极主动适应中国式现代化的实践需要，以其中国特色、中国风格和中国气派彰显文化主体性。

从空间维度看，处理好中国文化与世界文化的关系

习近平总书记指出："中华文明的博大气象，就得益于中华文化自古以来开放的姿态、包容的胸怀。秉持开放包容，就是要更加积极主动地学习借鉴人类创造的一切优秀文明成果。"这一重要论述启示我们，处理好本来与外来的关系，实现中国文化与世界文化的良性互动，是在中华民族伟大复兴战略全局与世界百年未有之大变局相互激荡的时代背景下，巩固文化主体性的重要路径。

中华文明本来就是在同其他文明不断交流互鉴中形成的开放体系。从历史上的佛教东传、"伊儒会通"，到近代以来马克思主义

和社会主义思想传入中国，中国文化主体性在兼收并蓄中建构和挺立。习近平总书记指出："强调民族性并不是要排斥其他国家的学术研究成果，而是要在比较、对照、批判、吸收、升华的基础上，使民族性更加符合当代中国和当今世界的发展要求，越是民族的越是世界的。"我们要充分吸收世界各国文化的有益成分，转化为我们文化的有机组成部分，不断发展壮大文化自主性、能动性、适应性和创造性。

"解决好民族性问题，就有更强能力去解决世界性问题；把中国实践总结好，就有更强能力为解决世界性问题提供思路和办法。"在积极汲取人类文明一切有益成果的同时，还要注重发挥中华文化的国际影响力引领力。为此，应注重从中国道路、中国经验、中国智慧和中国方案中提炼升华出具有普遍意义的处理人类社会共同文化难题的思维方式、价值理念、精神品格和知识体系，为弘扬全人类共同价值、积极推动构建人类命运共同体作出应有贡献。

从方法论维度看，处理好守正与创新的关系

我们党在长期文化实践中逐步形成了守正创新的方法论。习近平总书记强调，"对文化建设来说，守正才能不迷失自我、不迷失方向，创新才能把握时代、引领时代"。这一重要论述，为我们在错综复杂的国内外形势下不断强化文化主体性、不断增强文化自信指明了方向。

巩固文化主体性必须坚守中国文化的主体地位和正确方向。一是坚持马克思主义在意识形态领域指导地位的根本制度，坚持以

习近平新时代中国特色社会主义思想为指引，坚守真理道义制高点，保持文化的科学性和人民性。二是坚持"两个结合"的根本要求，把马克思主义基本原理同中国具体实际相结合、同中华优秀传统文化相结合，不断筑牢道路根基。三是坚持党的文化领导权，坚持党在文化主体性建构中的领导地位，确保文化建设正确方向。

巩固文化主体性就要通过综合创新不断丰富文化的新内容、新形式、新话语。创新，创的是新思路、新话语、新机制、新形式，要在马克思主义指导下真正做到古为今用、洋为中用、辩证取舍、推陈出新，实现传统与现代的有机衔接。新征程上，我们要不断推进马克思主义中国化时代化，不断推动中华优秀传统文化创造性转化和创新性发展取得新成效；在培育和践行社会主义核心价值观的系统工程中进一步夯实国家、社会和公民的价值观基础；在持续推动公民思想道德建设的社会工程中不断增强人民的精神力量；在发展壮大文化事业和文化产业中进一步满足人民日益增长的精神文化需要；在与世界各国文化交流互鉴中不断提升中华文化的国际影响力传播力。总之，要以守正创新的正气和锐气，巩固文化主体性，在赓续历史文脉、谱写当代华章的伟大进程中，创造属于我们这个时代的新文化。

《光明日报》(2024 年 02 月 09 日第 11 版)

在巩固文化主体性中增强文化自信

郝宪印

习近平总书记指出："任何文化要立得住、行得远，要有引领力、凝聚力、塑造力、辐射力，就必须有自己的主体性。中国共产党历来重视文化，新时代我们在道路自信、理论自信、制度自信的基础上增加了文化自信。文化自信就来自我们的文化主体性。"这一重要论述，指明了中国特色社会主义文化建设的发展方向，为我们巩固文化主体性、增强文化自信提供了基本遵循。

文化主体性是中国特色社会主义文化的根本特性

文化主体性的实现，依赖于一定主体自身的精神素质、实践生活、社会条件或制度。中国共产党和中国人民作为中华文明传承与发展的主体，坚持以马克思主义为指导，坚定文化自信，弘扬中华优秀传统文化，为中华民族伟大复兴提供强大精神支撑。

文化主体性是中国共产党带领中国人民在中国大地上建立起来

的。中国共产党是中国工人阶级的先锋队，也是中国人民和中华民族的先锋队，成立伊始就具有强烈的主体意识和责任担当。社会主义文化是人民的文化，靠人民来创造。党通过广泛传播马克思主义，使无产阶级和广大人民群众成为先进文化的传播者、发展者和推动者。文化是经济、政治的反映，同时又对经济和政治发展具有反作用，中华民族迎来从站起来、富起来到强起来的伟大飞跃的过程，也是中华民族文化主体性得以巩固和彰显的过程。

文化主体性是在创造性转化创新性发展中华优秀传统文化、继承革命文化、发展社会主义先进文化的基础上，借鉴吸收人类一切优秀文明成果的基础上建立起来的。中华优秀传统文化具有厚重的主体性基因和内核，形成了一套处理人与人、人与社会、人与自然关系的价值准则，影响着人们的行为方式和价值取向。中国共产党是中华优秀传统文化的实践者、传承者、推动者，以高度的历史自觉，在引领推动中华民族伟大复兴的进程中致力于中华文化的复兴。革命文化和社会主义先进文化是中华优秀传统文化的凝聚升华，是中国共产党人和中国人民伟大创造精神的体现，是激励全党全国各族人民奋勇向前的强大精神力量，是我们坚定文化自信的坚强基石。与此同时，我们党以海纳百川的宽阔胸襟借鉴吸收人类一切优秀文明成果。正是在传承发展中华优秀传统文化、继承革命文化、发展社会主义先进文化、推动中外文明交流互鉴中，中华文化的主体性不断巩固。

文化主体性是通过把马克思主义基本原理同中国具体实际、同中华优秀传统文化相结合建立起来的。"两个结合"巩固了文化的主体性，党领导人民推进"两个结合"的历史进程，就是不断巩固文化主体性的发展历程。马克思主义是我们认识世界、把握规律、追求真理、改造世界的强大思想武器。马克思主义能够在中国取得胜利的关键，在于其与中国具体实际相结合，与中华优秀传统文化相结合，在结合中真正做到了相互契合、相互成就。当然，结合不是自发形成的，必须通过党和人民的主观努力，在守正创新中才能实现。一方面，发掘马克思主义与中华优秀传统文化的契合性，做到魂脉与根脉融合融通，使马克思主义理论在中国大地获得发展的丰厚文化根基和沃土，显示出鲜明的中国风格与中国气派；另一方面，用马克思主义激活中华优秀传统文化的内在生命力和活力，赋予其新的时代内涵，推动中华优秀传统文化现代化转型，成为推动新时代经济社会发展的强大精神力量。

文化主体性是文化自信的根本依托

文化自信来自文化主体性。文化自信是一种在自觉的心理认同基础上产生的对文化未来发展充满信心的文化心态，是由文化主体性所塑造的。文化主体性铸造文化意义上的坚定自我，强化一个民族"从哪里来""到哪里去"的文化自信和自立自强。创立习近平新时代中国特色社会主义思想是中华民族文化主体性的最有力体现。习近平新时代中国特色社会主义思想实现了马克思主义中国化时代化新的飞跃，是当代中国马克思主义、二十一世纪马克思主义，是中华文化和中国精神的时代精华。习近平新时代中国特色社会主义思想以"十个明确""十四个坚持""十三个方面成就"明确了新时代坚持和发展中国特色社会主义的总目标、总布局、发展方式、发展动力、战略步骤等基本问题，对马克思主义做出了许多重大原创性创新，使中国特色社会主义文化有了明确的主体特性，厚实了文化自信的内涵和根基。

有了文化主体性，中国共产党就有了引领时代的强大文化力量。依托文化主体性的文化自信，是最基本、最深沉、最持久的力量，是中华民族行稳致远的重要支撑，是克服现代化道路上一切艰难险阻的强大精神动力。文化的主体性越强，文化自信就越坚定，新时代中国特色社会主义文化所拥有的引领力、凝聚力、塑造力、辐射力就越大。习近平文化思想是习近平新时代中国特色社会主义思想的文化篇，为推进文化强国建设提供了全面指引，标志着我们党对中国特色社会主义文化建设规律的认识达到了新高度，表明我们党的历史自信、文化自信达到了新高度。

有了文化主体性，中华民族和中国人民就有了国家认同的坚实文化基础，中华文明就有了和世界其他文明交流互鉴的鲜明文化特性。中华民族在长期的生活实践中形成了属于本民族特色的思想认识、价值观念，构成了根植于中华民族内心的、最基本的文化基因。这种文化基因使中华民族具有较强的主体性，并呈现出区别于其他民族主体性的丰富内涵和鲜明特色。人类文明发展的历史证明，不同民族的文化及文明的区别就在于其文化和文明的主体性内涵与特质的不同，在于其价值观念、交往方式、思维方式等的不同，由此，文化主体性及建立在主体性基础之上的文化自信，就成为民族认同、文化认同的重要基础，成为世界文明多元多彩、交流互鉴的重要根源和重要动力。

在推进"两个结合"中巩固文化主体性

习近平总书记强调:"在五千多年中华文明深厚基础上开辟和发展中国特色社会主义,把马克思主义基本原理同中国具体实际、同中华优秀传统文化相结合是必由之路。"新时代新征程,要建设社会主义文化强国,必须在"两个结合"中巩固文化主体性、增强文化自信。

深入推进中国式现代化伟大实践,在发挥文化重大作用中巩固文化主体性、增强文化自信。文化的生命力来源于丰富的社会实践,文化主体性是中国共产党带领中国人民在中国大地上建立起来的,同样,巩固文化主体性、坚定文化自信也离不开中国式现代化建设的伟大实践。当前,中国正经历着历史上最为广泛而深刻的社会变革,中华民族正向着第二个百年奋斗目标进发,在这场伟大实践中,文化建设不能缺席。只有不断巩固全党全国各族人民团结奋斗的共同思想基础,不断提升国家文化软实力和中华文化影响力,才能为全面建设社会主义现代化国家、全面推进中华民族伟大复兴提供坚强思想保证、强大精神力量、有利文化条件。

结合新的时代条件传承和弘扬中华优秀传统文化,在推动中华优秀传统文化创造性转化和创新性发展中巩固文化主体性、增强文化自信。中华优秀传统文化是我们独特的精神标识,铸就了中华民族的精神底色,赋予文化自信以深厚的历史底蕴,具有重大的时代价值。让中华文化展现出永久魅力和时代风采,推动马克思主义基本原理同中华优秀传统文化相结合，是马克思主义中国化时代化的必然要求，也是推动中华民族伟大复兴的内在要求，更是巩固文化主体性、增强社会主义文化自信的内在要求。要在中国式现代化建设的伟大实践中，汲取中华优秀传统文化的思想精华和道德精髓，讲清楚中华优秀传统文化的历史渊源、发展脉络、基本走向以及独特创造、价值理念、鲜明特色，增强文化自信和价值观自信。深入挖掘和阐发中华优秀传统文化讲仁爱、重民本、守诚信、崇正义、尚和合、求大同的时代价值，使之为培养和践行社会主义核心价值观提供滋养，为社会主义现代化建设凝聚磅礴伟力。

深入推进人类文明交流互鉴，在吸收人类文明优秀成果、彰显中华文化优势特色中巩固文化主体性、增强文化自信。一切人类文明的优秀成果都是人类劳动和智慧的结晶，没有高低贵贱之分，开放包容始终是文明发展的活力来源，也是文化自信的显著标志。在历史上，中华文明能成为世界上唯一绵延不断且以国家形态发展至今的伟大文明，一个重要奥秘就是长期以来保持开放包容的姿态，积极主动地学习借鉴人类创造的一切优秀文明成果，真正做到了融通中外、贯通古今。在世界百年未有之大变局和中华民族伟大复兴战略全局中，我们比以往任何时期都更加需要深入吸收借鉴人类文明优秀成果。同时，我国要建构同综合国力和国际地位相匹配的国际话语权，就要在推进人类文明交流互鉴中彰显中华文化的优势特色，这是巩固文化主体性、增强文化自信的必然要求和不二选择。例如，中华文明具有突出的和平性，主张"睦邻友好"，崇尚"以和邦国"，强调"和而不同"，奉行"以和为贵"，亲仁善邻、协和万邦是中华文明一贯的处世之道，为弘扬全人类共同价值、构建人类命运共同体提供了中国智慧和中国方案。只有广泛吸收人类文明的优秀成果，深入推进人类文明交流互鉴，积极参与人类命运共同体构建，才能在进一步巩固文化主体性、增强文化自信中焕发出强大的生机和活力。

《光明日报》（2024 年 03 月 13 日第 06 版）

深刻把握巩固文化主体性的内在逻辑

郭广银　贾　雷

任何文化要立得住、行得远，就必须有自己的主体性。习近平总书记指出："有了文化主体性，就有了文化意义上坚定的自我，文化自信就有了根本依托，中国共产党就有了引领时代的强大文化力量，中华民族和中国人民就有了国家认同的坚实文化基础，中华文明就有了和世界其他文明交流互鉴的鲜明文化特性。"这一重要论述，为我们在现代化进程中深刻把握巩固文化主体性的重大意义，更好担负起新时代新的文化使命指明了前进方向、提供了根本遵循。

一国现代化发展样态与其文化传统息息相关

纵观世界各国发展历程，现代化的启动与推进既离不开技术的革新与经济的腾飞，也与一个国家的文化传统息息相关。历史和实践反复证明，在现代化进程中继承和创新本国本民族文化传统意义重大。

20世纪五六十年代基于西方现代化实践所构建的现代化理论，虽流派众多，但其共性多是把现代与传统对立，将西方国家的现代化发展模式视作唯一的标准模板，认为尽管后发国家有着完全不同的文化传统、历史条件，但终要走上市场化、工业化的发展道路，并实现与西方国家政治、经济、文化、科技等的全方位相似。基于此种理论，人类社会也终将沿着西方国家走过的发展轨迹、朝着西方国家构建的制度模式发展。

毫无疑问，现代化有其共性的一面，如对科技发展、经济发达的追求；但也有个性的一面，如不同国家和地区在追求现代化的过程中实行不同的社会制度、采取不同的发展方式。现代化进程从来都不是单一因素作用的结果，一个国家的历史文化总是在深层次上影响着这个国家的现代化进程，其文化建设的路径和特点更是与现代化发展的效果和特色有着千丝万缕的联系。实践中，那些急于抹除自己文化的印迹，盲目引进西方工业文明而忽略自身文明赓续的国家，往往陷入动乱。稳步实现现代化，必须以自身的文化传统为主体，在与本国经济发展的协调适应和与世界多元文化的交流借鉴中，实现本民族文化的传承与发展。

中国式现代化的成功探索和推进拓展，打破了"现代化＝西方化"的迷思，其所呈现出的独立自主、和平发展、人与自然和谐共生等特有的现代化发展样态，使世界愈加重视源远流长、举世无双的中华文明在中国现代化进程中所扮演的重要角色，愈加深识一国的民族文化传统在现代化建设中的重要地位和作用。习近平总书记指出："中国式现代化是赓续古老文明的现代化，而不是消灭古老文明的现代化；是从中华大地长出来的现代化，不是照搬照抄其他国家的现代化；是文明更新的结果，不是文明断裂的产物。"我国作为一个拥有五千多年文明史的国家、一个中国共产党领导的社会主义国家，中华优秀传统文化、革命文化、社会主义先进文化对中国现代化进程的影响和作用更加明显。也正是这些独有的文化传统，形塑了中国式现代化的特有品格，使其摒弃了西方以资本为中心的现代化老路，呈现出不同于西方现代化模式的崭新图景。

巩固文化主体性是百年来党领导文化建设形成的重要认识

在相当长的历史时期内，以黄河—长江流域为中心形成的中华文明在人类诸文明中独树一帜。近代以来，西方列强的入侵和封建统治的腐败，致使国家蒙辱、人民蒙难、文明蒙尘，传统文化也一度被视为有碍于现代化兴起的糟粕，成为口诛笔伐的对象。在近代中国最危急的时刻，中国共产党人找到了马克思列宁主义，并坚持把马克思主义基本原理同中国具体实际相结合、同中华优秀传统文化相结合，使中华文明再次迸发出强大精神力量。

作为具有高度文化自觉、勇于担当文化使命的马克思主义政党，我们党在领导现代化建设进程中，高度重视运用文化引领前进方向、凝聚奋斗力量。早在新民主主义革命时期，我们党就提出，"中国共产党人是我们民族一切文化、思想、道德的最优秀传统的继承者，把这一切优秀传统看成和自己血肉相连的东西，而且将继续加以发扬光大……要使得马克思列宁主义这一革命科学更进一步地和中国革命实践、中国历史、中国文化深相结合起来"。社会主义革命和建设时期，我们党提出"百花齐放、百家争鸣""古为今用、洋为中用"等文化建设的方针原则，推动新中国文化事业取得极大繁荣和发展。改革开放和社会主义现代化建设新时期，市场经济快速发展、西方社会思潮大量涌入，特别是冷战结束后，西方资本主义文化在全球范围内强势扩张，文化在建设现代化国家中的地位日益重要，在综合国力竞争中的作用愈益突出。由此，继承和弘扬中华优秀传统文化，建设高度的社会主义精神文明，建设社会主义文化强国，成为党推进现代化事业中文化领域的重大战略安排，为推进中国式现代化稳步前行提供了强大精神支撑。

党的十八大以来，以习近平同志为核心的党中央把文化建设摆在治国理政的突出位置，提出"推动中华优秀传统文化创造性转化、创新性发展""坚持把马克思主义基本原理同中国具体实际相结合、同中华优秀传统文化相结合"等一系列新观点，推动中华优秀传统文化、革命文化、社会主义先进文化在新时代融会贯通、繁荣发展，为新时代党和国家事业取得历史性成就、发生历史性变革提供了有利文化条件。迈上新征程，聚焦以中国式现代化全面推进中华民族伟大复兴的使命任务，置身全球思想文化交流交融交锋日益频繁的时代洪流，习近平总书记鲜明提出新的文化使命，并进一步指出："任何文化要立得住、行得远，要有引领力、凝聚力、塑造力、辐射力，就必须有自己的主体性。"这些重要论述，为我们进一步在强国建设、民族复兴伟大进程中加强文化建设、巩固文化主体性指明了前进方向。

纵观百年征程，我们党深刻把握文化在历史进步中的重要地位和作用，始终把文化建设放在党和国家全局工作的重要位置，始终坚守马克思主义的魂脉和中华优秀传统文化的根脉，并不断在推动马克思主义基本原理同中国具体实际相结合、同中华优秀传统文化相结合中巩固文化主体性，着力以文化建设新成就助力中国式现代化行稳致远。

在现代化新征程上不断巩固文化主体性

踏上新征程，文化在振奋民族精神、维系国家认同、促进经济社会发展和人的全面发展等方面的作用更加重要。如何进一步巩固文化主体性，为全面建成社会主义现代化强国厚植文化根基、为实现中华民族伟大复兴提供文化支撑，是当前文化建设面临的重大任务。

巩固文化主体性要以对自身文化传统的清晰认知为基，推动文化发展与现代化建设相辅相成。20世纪90年代，费孝通曾提出"文化自觉"的概念，即生活在一定文化中的人对其文化有"自知之明"，明白它的来历、形成过程、所具有的特色和它发展的趋向，自知之明是为了加强文化转型的自主能力，取得决定适应新环境、新时代文化选择的自主地位。比如，植根于农耕文明的中华传统文化受到历史条件的局限，不可避免地与现代市场经济、民主政治、社会治理等存在需要协调适应的地方。因此，要在现代化建设进程中对传统文化进行取舍转化、推陈出新，将之创新发展为适应现代经济社会发展的新的文化形态。

巩固文化主体性要进一步强化文化与经济、文化与政治等的交融互动，而不能只是就文化谈文化，停留在一般泛泛的文化讨论，或是仅仅把文化视作经济社会发展的补充要素。特别是"人类命运共同体""人类文明新形态"等重大命题的提出，为围绕文化与经济、政治等在现代化进程中的共生共融指明了研究方向，亟待进行系统的横向比较和纵向的历史研究。比如，相比于西方主流经济学所呈现出的"工具理性主义""数学形式主义"等特征，中国特色社会主义政治经济学始终坚持人民至上的根本立场，有着推动人类社会可持续发展的人文精神。由此，以百年来特别是新时代以来中国经济社会的进步和发展为蓝本，进一步探讨我国经济在生产、分配、交换、消费等各个环节，遵循社会主义市场经济运行规律的同时，所彰显出的对自然的敬畏、社会公平的普及、共同富裕的追求以及人类福祉的提升等人文关怀，这正是中国人文传统与经济发展相互赋能进而区别于西方经济学的鲜明印证，也是中华文化主体性的有力体现。

巩固文化主体性要有效应对全球多元文化之间的交融与交锋，尤其是要在与世界诸文化的对话交流中保持自身文化独立性的同时，以独有的文化禀赋为人类社会文明进步作出新的贡献。一方面，保持清醒的文化独立自主意识，取长补短，汲取其他各种文明养分，以实现自身的创新发展。另一方面，直面人类社会发展难题，在化解人类面临的突出矛盾和问题中彰显中华文化的突出特性。进一步挖掘和阐发中华文化所蕴含的"天人合一""天下为公"等理念的当代价值，对当前人类社会发展困境背后的文化根源——西方文化所倡导的天人对立、利己主义等——进行纠正与超越，正是不断巩固中华文化主体性的题中应有之义。

《光明日报》（2024 年 06 月 14 日第 06 版）

巩固文化主体性
推动文化强国建设

刘忠晖

文化是一个民族的灵魂，是人民的精神家园。国家的富强、民族的振兴，无不伴随着文化的历史性进步。习近平总书记强调，"没有先进文化的积极引领，没有人民精神世界的极大丰富，没有民族精神力量的不断增强，一个国家、一个民族不可能屹立于世界民族之林"。任何文化要立得住、行得远，要有引领力、凝聚力、塑造力、辐射力，就必须有自己的主体性。文化主体性反映了一个国家和民族对自身文化的自觉意识和繁荣发展文化的主动精神。推动文化繁荣、建设文化强国，必须巩固文化主体性。《习近平文化思想学习纲要》（以下简称《纲要》）的出版发行，为新时代新征程巩固文化主体性、建设文化强国提供了权威辅助读物。

坚持自信自立，在传承弘扬中巩固文化主体性

文化主体性是一个国家和民族生存境遇、精神状态、思想观念的集中体现，折射出一个民族对其自身文化的自为状态和自信程度。文化主体性不是人类生物遗传的自然结果，而是人类历史实践的产物。任何一种文化都离不开既有的历史和传统。《纲要》提出，"历史和现实一再告诉我们，一个抛弃了或者背叛了自己历史文化的民族，不仅不可能发展起来，而且很可能上演一幕幕历史悲剧"。不忘本来才能开辟未来，善于继承才能更好创新。巩固文化主体性的前提是对自己本民族文化的高度认同、由衷自信，并在此基础上自觉理性地维护和弘扬本民族传统文化的核心理念和精神价值。只有坚持从历史走向未来，在延续民族文化血脉中开拓前进，才能不断推进文化强国建设。

中国人民的理想和奋斗，中国人民的价值观念和精神世界，始终深深植根于中华优秀传统文化的沃土。作为世界上唯一绵延不断且以国家形态发展至今的伟大文明，中华文明以连续性、创新性、统一性、包容性、和平性的突出特性，形成了区别于其他文明的独特禀赋和突出优势。中华民族以自强不息的决心和意志，筚路蓝缕、跋山涉水，走过了不同于世界其他文明体的发展历程，形成了看待世界、看待社会、看待人生的独特价值体系、文化内涵和精神品质。中华优秀传统文化是中华文明的智慧结晶和精华所在，是我们在世界文化激荡中站稳脚跟的根基。习近平总书记强调："如果没有中华五千年文明，哪里有什么中国特色？如果不是中国特色，哪有

我们今天这么成功的中国特色社会主义道路？"文化主体性是文化自信的前提，文化自信是文化主体性的重要体现。中华文化有了自己的主体性，文化自信就有了来源，实现文化自强就有了动力。要坚守中华文化立场、传承中华文化基因，始终保持对自身文化理想、文化价值的高度信心，始终保持对自身文化生命力、创造力的高度信心。

与此同时，在不同文化相互碰撞中巩固文化主体性，也需要坚持自信自立。习近平总书记强调："人类历史上，没有一个民族、没有一个国家可以通过依赖外部力量、跟在他人后面亦步亦趋实现强大和振兴。那样做的结果，不是必然遭遇失败，就是必然成为他人的附庸。"尤其在经济全球化时代，随着文化交流的频繁深入，一个民族的文化发展如果没有内在的自主定力，一味地移植外来文化、随波逐流，就不可能有文化主体性可言。如果"以洋为尊""以洋为美""唯洋是从"，跟在别人后面亦步亦趋、东施效颦，热衷于"去思想化""去价值化""去历史化""去中国化""去主流化"那一套，就绝不会有前途。中国共产党历来坚持独立自主开拓前进道路，坚持把国家和民族发展放在自己力量的基点上，坚持中国的事情必须由中国人民自己作主张、自己来处理。只有保持文化上的主体性，才能确保在文明交流交锋交融中不被"同化""融化"，夯实自身屹立于世界民族之林的文化底蕴和精神根基。

坚持开放包容，在交流互鉴中巩固文化主体性

巩固文化主体性，既要善于从时间维度推动古与今的传承，也

要善于从空间维度促进中与外的交流，在与外来文化相遇时，既能自觉自省，又能互尊互重，且在此基础上产生积极的适应性与成长性。习近平总书记指出："强调承认和尊重本国本民族的文明成果，不是要搞自我封闭，更不是要搞唯我独尊、'只此一家，别无分店'。"《纲要》提出，"多样文明是世界的本色，各种文明相互遇见、彼此成就，共同构成人类文明绚丽多彩的百花园"。每一个国家和民族的文明都是独特的，都有自己存在的价值，应该秉持平等和尊重，摒弃傲慢和偏见，推动不同文明交流对话、和谐共生。文明因交流而多彩，文明因互鉴而丰富。巩固文化主体性和促进文明交流互鉴相辅相成、相互促进，不断巩固文化主体性才能保持自我，促进文明交流互鉴才能更好发展自我。世界各个民族文化之间的广泛交流交融，需要突破二元对立思维模式，在坚持本民族文化主体性的前提下，充分吸收各民族文化的有益成分和人类文明创造的优秀成果，不断增强本民族文化的自主性、能动性、适应性和创造性，使其始终在兼收并蓄中历久弥新、更具活力。

中华文明的博大气象得益于中华文化自古以来开放的姿态、包容的胸怀，得益于积极主动地学习借鉴人类创造的一切优秀文明成果，真正做到融通中外、贯通古今。中华文化倡导"和实生物，同则不继"，中华文明历来尊重文化多样化，由此汇聚成共同文化，化解冲突、凝聚共识。从赵武灵王胡服骑射到北魏孝文帝汉化改革，从"洛阳家家学胡乐"到"万里羌人尽汉歌"，从佛教东传、"伊儒会通"到"西学东渐"、新文化运动，从马克思主义和社会主义思想传入中国到改革开放以来全方位对外开放，中华民族的文化主体性始终在兼收并蓄中得以建构和挺立，在尊重差异与接纳多元、开放对话与交流互鉴、求同存异与相互融合中进一步得以增强和彰显。习近平总书记强调："我们要铸就中华文化新辉煌，就要以更加博大的胸怀，更加广泛地开展同各国的文化交流，更加积极主动地学习借鉴世界一切优秀文明成果。"唯有在开放包容中巩固文化主体性，以宽广的气度和足够的智慧吸收并消化外来文化，方能以丰富有益的文化永葆自身的鲜明本色，推动文明更新。

当前，世界百年未有之大变局加速演进，应对共同挑战、迈向美好未来，我们比以往任何时期都更加需要深入吸收借鉴人类优秀文明成果。在经济全球化深入发展的今天，在人类文明格局激荡重构的时代背景下，亟须在比较、对照、批判、吸收、升华的基础上，使本民族文化更加契合当代中国和当今世界的发展要求，从而进一步巩固中华文化的主体性。习近平总书记强调："对丰富多彩的世界，我们应该秉持兼容并蓄的态度，虚心学习他人的好东西，在独立自主的立场上把他人的好东西加以消化吸收，化成我们自己的好东西，但决不能囫囵吞枣、决不能邯郸学步。"今天，我们比以往任何一个时代都更有条件破解"古今中西之争"，也比以往任何一个时代都更迫切需要一批熔铸古今、汇通中西的文化成果。必须秉持精神上的独立自主，不忘本来、吸收外来、面向未来，以更加博大的胸怀，积极主动学习借鉴世界一切优秀文明成果，铸就中华文化新辉煌。

坚持与时俱进，在创新创造中巩固文化主体性

对历史最好的继承就是创造新的历史，对人类文明最大的礼敬就是创造人类文明新形态。文化是最需要创新的领域，与时俱进是我国文化不断繁荣发展的强大动力。巩固文化主体性，要统筹兼顾继承与发展、守正与创新的关系。习近平总书记指出，"对文化建设来说，守正才能不迷失自我、不迷失方向，创新才能把握时代、引领时代"。没有历史性就没有文化身份认同，没有创造性就没有文化生命力。只有在实践创造中不断进行文化创造，在历史进步中不断实现文化进步，才能始终掌握文化领导权，以先进思想文化引领社会发展进步。

巩固文化主体性是一个循序渐进的过程。关于文化主体性的形成和巩固，《纲要》提出，"这一主体性是中国共产党带领中国人民在中国大地上建立起来的；是在创造性转化、创新性发展中华优秀传统文化，继承革命文化，发展社会主义先进文化的基础上，借鉴吸收人类一切优秀文明成果的基础上建立起来的；是通过把马克思主义基本原理同中国具体实际、同中华优秀传统文化相结合建立起来的"。党的十八大以来，习近平总书记深刻洞察马克思主义和中华优秀传统文化的内在关系，深刻把握马克思主义理论创新和社会主义文化发展的内在规律，鲜明提出"把马克思主义基本原理同中华优秀传统文化相结合"的重大命题。习近平总书记强调："'第二个结合'让马克思主义成为中国的，中华优秀传统文化成为现代的，让经由'结合'而形成的新文化成为中国式现代化的文化形态。""第

二个结合"本身就是创新，同时又开启了广阔的理论和实践创新空间，让我们掌握了思想和文化主动，并有力地作用于道路、理论和制度，巩固了我们的文化主体性。

当代中国正经历着我国历史上最为广泛而深刻的社会变革，也正在进行着人类历史上最为宏大而独特的实践创新，为文化创新创造提供强大动力和广阔空间。加之改革发展稳定任务之重、矛盾风险挑战之多、治国理政考验之大前所未有，一并提出大量亟待回答的理论问题和实践问题。以习近平同志为核心的党中央坚持自信自强、守正创新，强调"用中国道理总结好中国经验，把中国经验提升为中国理论，既不盲从各种教条，也不照搬外国理论，实现精神上的独立自主"。对此，必须积极建构中国自主的知识体系，形成符合本国国情的话语叙事，不断发挥中华文化的国际影响力引领力。要深入把握时代脉搏、聆听时代声音、吸纳时代精华，不断推进实践基础上的文化创新，用创新增添文化发展动力、激活文明进步源泉，以新思路、新话语、新机制、新形式创造出更多跨越时空、富有永恒魅力的文明成果。

文运同国运相牵，文脉同国脉相连。习近平总书记指出，"有了文化主体性，就有了文化意义上坚定的自我，文化自信就有了根本依托，中国共产党就有了引领时代的强大文化力量，中华民族和中国人民就有了国家认同的坚实文化基础，中华文明就有了和世界其他文明交流互鉴的鲜明文化特性"。回望来时路，中华民族的文化主体性在与世界文明的交流交往中得到建构和形塑，在守正创新的过程中不断巩固和完善。站在新的起点上，担负起新的文化使命，必须要以贯穿过去、当下与未来的能动意识，实现传统与现代、民族与世界的交融汇通，在提升文化自觉、增强文化自信的基础上，巩固铸就中华民族的文化主体性。

《光明日报》（2024年12月24日第06版）

在"第二个结合"中
巩固文化主体性

郝立新

　　思想的力量超越时空，科学的理论魅力永存。一部马克思主义发展史就是马克思、恩格斯以及他们的后继者们不断根据时代、实践、认识发展而发展的历史，是不断吸收人类历史上一切优秀思想文化成果丰富自己的历史。列宁曾经指出，马克思主义之所以"赢得了世界历史性的意义"，是因为其"吸收和改造了两千多年来人类思想和文化发展中一切有价值的东西"。中国共产党为什么能，中国特色社会主义为什么好，归根到底是马克思主义行，是中国化时代化的马克思主义行。而中国化时代化的马克思主义之所以行，则是因为中国共产党人坚持把马克思主义基本原理同中国具体实际相结合、同中华优秀传统文化相结合，使马克思主义深深植根于中国社会实践的土壤中，植根于中华优秀传统文化的土壤中，使马克思主义根深叶茂、生机勃勃。坚持把马克思主义基本原理同中华优秀传统文化相结合这一重大判断的提出，充分体现了我们党高度的历史自信、文化自信。习近平总书记在文化传承发展座谈会上的讲话中指出，"'结合'巩固了文化主体性""创立新时代中国特色社会主义思想就是这一文化主体性的最有力体现"。这一论断深刻总结了马克思主义中国化时代化的宝贵历史经验，揭示了"第二个结合"的丰富文化内涵，表达了对文化发展及其重要作用的规律性认识，表明了中国共产党人的鲜明文化态度。

文化是人类的重要活动，是社会发展的重要精神力量。文化蕴含着人类的思想智慧、价值追求，是一个国家、一个民族的根基。创造文化和推动文化发展的主体是一定社会中的现实的能动的人，更确切地说，是一定社会生活中的群体。一般说来，文化主体性是指文化活动中体现的主体能动性、选择性、创造性。文化主体性的实现依赖于一定的主体自身的精神素质、实践生活、社会条件或制度。在当代中国，文化主体性集中表现为：中国共产党和中国人民作为中华文明传承与发展的主体，坚持以马克思主义为指导，坚持文化自信，弘扬中华优秀传统文化，为中华民族伟大复兴提供强大精神支撑。坚持和巩固文化主体性是我们党推动思想文化进步和社会发展的重要法宝。全面理解和把握文化主体性，应注意以下几点。

文化主体性表现为文化的自信自立。文化主体性的理念充分体现了我们党对文化发展规律及其对社会作用的深刻认识。党的十八大以来，习近平总书记站在人类历史和文明发展的高度，多次强调自觉把握文化发展规律、积极弘扬中华优秀传统文化的重要性，指出"文化是民族生存和发展的重要力量""人类社会每一次跃进，人类文明每一次升华，无不伴随着文化的历史性进步""在几千年的历史流变中，中华民族从来不是一帆风顺的，遇到了无数艰难困苦，但我们都挺过来、走过来了，其中一个很重要的原因就是世世代代的中华儿女培育和发展了独具特色、博大精深的中华文化，为中华民族克服困难、生生不息提供了强大精神支撑"。历史自信、文化自信关乎中华民族伟大复兴。中华文化具有连续性和创新性等突出特性，从而决定了"中华文化既坚守本根又不断与时俱进，使中华民族保持了坚定的民族自信和强大的修复能力，培育了共同的情感和价值、共同的理想和精神"。历史和现实表明，中华民族伟大复兴，离不开先进文化的积极引领，离不开人民精神世界的极大丰富，离不开民族精神力量的不断增强。

文化主体性表现为文化创新。中国特色社会主义是前无古人的伟大事业。当代中国的伟大社会变革，不是简单延续我国历史文化的母版，不是简单套用马克思主义经典作家设想的模板，不是其他国家社会主义实践的再版，也不是国外现代化发展的翻版。对待传统文化包括优秀传统文化的正确态度，不是简单地拿来就用。对待外来文化，不能照搬照抄。要反对教条主义，一要把马克思主义当作行动的指南，二要使其本土化，即把马克思主义基本原理同中国具体实际相结合、同中华优秀传统文化相结合。我们在文化发展中要坚持守正创新，守正而不守旧，尊古而不复古，既要反对虚无主义，也要反对复古主义。对中华优秀传统文化进行创造性转化、创新性发展，这既是现代社会和文化发展的要求，也是中国特色社会主义文化建设的规律。一定的传统文化是一定社会条件下的产物，不可避免地带有历史的烙印，具有一定的社会制度的属性和一定的历史局限性。这就需要我们辩证地历史地看待传统文化，明辨良莠，取其精华，去其糟粕，并根据人民需要、社会发展和时代要求来创造性地使传统的文化转化为现代的文化，创新性地发展中华优秀传统文化。

文化主体性表现为自觉坚持以马克思主义科学理论为指导。理论的自觉与文化的自觉是一致的。在马克思主义中国化时代化进程中，始终不能丢弃马克思主义这个"魂脉"和中华优秀传统文化这个"根脉"。在"第二个结合"中，文化主体性体现在两个方面。一是自觉地认识和把握马克思主义中国化时代化的文化向度，把握马克思主义同中华优秀传统文化之间的高度契合性，充分吸收中华优秀传统文化的精华，使马克思主义深植于中华民族历史文化土壤中以获得更强大的生命力；二是在马克思主义指导下，使马克思主义世界观和方法论融于中华优秀传统文化发展中，使马克思主义的科学精神、实践精神和人民精神等时代精华融于中华文明中，使中华优秀传统文化发扬光大。

创立习近平新时代中国特色社会主义思想是这种文化主体性的最有力体现。习近平新时代中国特色社会主义思想，坚持把马克思主义基本原理同中国具体实际相结合、同中华优秀传统文化相结合，科学回答中国之问、世界之问、人民之问、时代之问，是马克思主义中国化时代化的最新成果，是中华文化和中国精神的时代精华。首先，它的创立是把马克思主义"魂脉"同中华优秀传统文化"根脉"有机结合的产物，是对马克思主义丰富和创新发展的理论结晶，是对中华优秀传统文化的创造性转化、创新性发展。其次，它高度重视和反复强调坚持理论自信和文化自信，站在新的历史高度阐明中华优秀传统文化的重要意义，指出"中华民族有着深厚文化传统，形成了富有特色的思想体系，体现了中国人几千年来积累的知识智慧和理性思辨""要加强对中华优秀传统文化的挖掘和阐发，使中华民族最基本的文化基因与当代文化相适应、与现代社会相协调，把跨越时空、超越国界、富有永恒魅力、具有当代价值的文化精神弘扬起来"。再次，它重视从中华优秀传统文化中挖掘资源，涵养社会主义核心价值观，强调"中华优秀传统文化是中华民族的精神命脉，是涵养社会主义核心价值观的重要源泉，也是我们在世界文化激荡中站稳脚跟的坚实根基""要善于从中华优秀传统文化中汲取治国理政的理念和思维"。

在当代中国，要继续坚持和巩固文化主体性，必须坚持党的领导，坚持中国特色社会主义文化发展道路。一要坚持文化的人民性。在文化发展中坚持以人民为中心，充分汲取人民的智慧，紧紧依靠人民建设文化、发展文化。二要坚持文化的科学性。坚持以马克思主义科学理论为指导，积极吸收当代自然科学、人文社会科学等科学发展的最新成果。三是坚持文化的民族性和自主性。立足中华民族伟大历史实践和当代实践，用中国道理总结好中国经验，把中国经验提升为中国理论。坚守中华文化立场，加快构建中国特色哲学社会科学，加快建构中国自主的知识体系，实现精神上的独立自主。四要坚持文化的时代性和创新性。紧扣时代脉搏、回应时代呼声、回答时代之问，把文化建设摆在更加突出位置，同中国式现代化发展相适应，同创造人类文明新形态、构建中国式现代化的文化形态相一致，在马克思主义与中华优秀传统文化二者之间的相互成就中建构起新的文化生命体。五要坚持文化的世界性。中国共产党是中国先进文化的积极引领者和践行者，是中华优秀传统文化的忠实传承者和弘扬者，是中国精神的重要贡献者和示范者，也是世界文明的包容者。我们要坚持胸怀天下，虚心学习和善于吸收全人类优秀文化成果，在坚守中华文化立场基础上，弘扬全人类共同价值，尊重世界文明的丰富性、多样性，加强文明交流互鉴，为世界文明发展贡献中国智慧和中国力量。

总之，要坚持文化自信，秉持开放包容，坚持把马克思主义基本原理同中华优秀传统文化相结合，促进外来文化本土化，推动中华优秀传统文化创造性转化、创新性发展，不断培育和创造新时代中国特色社会主义文化，推动文化繁荣，建设文化强国。

《经济日报》（2023 年 09 月 08 日第 11 版）

科学把握文化主体性的形成逻辑

姚宏志

文化自信来自我们的文化主体性。习近平总书记在文化传承发展座谈会上的重要讲话中指出："任何文化要立得住、行得远，要有引领力、凝聚力、塑造力、辐射力，就必须有自己的主体性。"科学把握我们的文化主体性的形成逻辑，有助于进一步增强文化自信，深入理解"创立习近平新时代中国特色社会主义思想就是这一文化主体性的最有力体现"。

第一，当代中国的文化主体性是中国共产党带领中国人民在中国大地上建立起来的。

中华文明历经数千年而经久不衰，成为世界上唯一绵延不断且以国家形态发展至今的伟大文明，是人类文明发展的奇迹，充分证明中华文明具有自我发展、回应挑战、开创新局的文化主体性与旺盛生命力。

中国共产党既是马克思主义的坚定信仰者和践行者，又是中华优秀传统文化的忠实继承者和弘扬者。从民本到民主，从九州共贯到中华民族共同体，从富民厚生到共同富裕，从天人合一、万物并育到人与自然和谐共生，中国共产党积极传承优秀传统文化，以马克思主义的真理之光激活中华文明的基因，实现中华文明从传统到现代的历史跨越，建立起极具中国革命、建设和改革各个历史时期鲜明特色的文化，构建起与中国式现代化相适应的文化主体性。

从这个角度看，中国共产党的百余年奋斗历程，见证了当代中国的文化主体性的形成过程。随着中国式现代化的推进和拓展，中华民族更加自信自立自强，文化主体性会更加巩固和完善。

第二，当代中国的文化主体性是在创造性转化、创新性发展中华优秀传统文化，继承革命文化，发展社会主义先进文化的基础上，借鉴吸收人类一切优秀文明成果的基础上建立起来的。

中华优秀传统文化是中华民族的根和魂，是我们在世界文化激荡中站稳脚跟的根基。没有中华文化繁荣兴盛，就没有中华民族伟大复兴。中华优秀传统文化是我们的文化主体性的根脉和底气。这种重要作用必须通过创造性转化、创新性发展才能实现。中华民族始终以"苟日新，日日新，又日新"的精神不断创造自己的物质文明、精神文明和政治文明。经过创造性转化、创新性发展的中华优秀传统文化，才能焕发出生机活力、展现出时代风采。

革命文化是中国共产党带领人民在革命、建设和改革实践中形成和发展起来的独具中国特色的文化。它承载着中国共产党人的初心和使命，凝结着广大人民群众的智慧和力量。革命文化为文化主体性注入中国共产党人独特的革命精神和价值追求。继承革命文化，就是要继承党和人民创造的宝贵精神财富，大力弘扬蕴含其中的革命理想、革命意志、革命品质以及革命传统。

社会主义先进文化是中国共产党带领人民在革命、建设、改革中锻造的，是在马克思主义指导下形成的面向现代化、面向世界、面向未来的，民族的科学的大众的社会主义文化。发展社会主义先进文化，就要建设具有强大凝聚力和引领力的社会主义意识形态，培育和践行社会主义核心价值观，巩固全党全国各族人民团结奋斗的共同思想基础，激发全民族文化创新创造活力，增强实现中华民族伟大复兴的精神力量。社会主义先进文化丰富和发展了文化主体性的内涵，展现了其时代风貌和优秀品质。

人类优秀文明成果是世界人民的共同财富。只有充满自信的文明，才会在保持自己民族特色的同时包容、借鉴和吸收各种不同文明。各美其美、美人之美、美美与共，体现着中华民族对待其他文明成果的态度，也是建构我们的文化主体性的应有态度。借鉴吸收人类优秀文明成果，将其内化为自我文化的重要组成部分，会使我们的文化主体性更加牢固。借鉴吸收人类优秀文明成果，需要对世界文化秉持开放包容态度，促进外来文化本土化，不断提升我们的文化主体性的凝聚力和感召力。

第三，当代中国的文化主体性是通过把马克思主义基本原理同中国具体实际、同中华优秀传统文化相结合建立起来的。

把马克思主义基本原理同中国具体实际相结合、同中华优秀传统文化相结合，是中国共产党百余年奋斗得出的历史经验总结。"两个结合"是我们取得成功的最大法宝，是我们的文化主体性形成和发展的必由之路。

文化主体性不是无根之浮萍，而是建立在深厚基础之上的。"两个结合"是在探索中国特色社会主义道路、理论、制度、文化过程中得出的规律性认识。从理论基础看，"两个结合"为我们的文化主体性提供了科学的真理力量；从文化基础看，"两个结合"为其赋予了深厚的文化底蕴。可以说，"两个结合"使文化主体性的基础更加牢固深厚、更加充满生机活力。

任何民族的文化主体性的形成和发展，都需要与时俱进，以应对不断变化的内外部挑战。"两个结合"有助于文化主体性的形成和巩固，特别是"第二个结合"为文化主体性开启了广阔的理论和实践发展空间。通过"两个结合"，我们能够在更广阔的文化空间中，充分运用中华优秀传统文化的宝贵资源，更加主动地将马克思主义思想精髓同中华优秀传统文化精华贯通起来、与人民群众日用而不觉的共同价值观念融通起来，不断探索面向未来的理论和实践创新。

"结合"不是"拼盘"，不是简单的"物理反应"，而是深刻的"化学反应"，造就了一个有机统一的新的文化生命体。一方面，马克思主义把先进的思想理论带到中国，以真理之光激活了中华文明的基因，引领中国走进现代世界，推动中华文明的生命更新和现代转型，发展出中华文明的现代形态；另一方面，中华优秀传统文化充实了马克思主义的文化生命，推动马克思主义不断实现中国化时代化的新飞跃，显示出日益鲜明的中国风格与中国气派，中国化马克思主义成为中华文化和中国精神的时代精华。"第二个结合"让马克思主义成为中国的，中华优秀传统文化成为现代的，让经由"结合"而形成的新文化成为中国式现代化的文化形态。我们的文化主体性就是在这样崭新的文化形态中形成和发展起来的。

《经济日报》（2023 年 12 月 19 日第 10 版）

当代中国文化主体性的最有力体现

辛　鸣

文化兴民族兴，文化强国家强。

文化繁荣是中华民族伟大复兴的基础性要素，文化强盛是社会主义现代化强国的根本性要求。当代中国文化的繁荣兴盛体现在党对宣传思想文化工作的坚强领导，社会主义意识形态的强大凝聚力和引领力，社会主义核心价值观的深入培育和践行，新闻舆论传播力引导力影响力公信力的提升，中华文脉的赓续传承、中华优秀传统文化的创造性转化和创新性发展，文化事业和文化产业的繁荣发展，中华文化走出去和文明交流互鉴等这些极为重大的文化建设方面取得的成就，更体现在这些成就背后的文化主体性的巩固、彰显与自觉。谱写习近平新时代中国特色社会主义思想的文化篇，形成习近平文化思想，就是当代中国文化主体性的最有力体现。

伟大实践巩固文化主体性。习近平文化思想来自中国共产党领导新时代文化建设的伟大实践。党的十八大以来，我们坚持马克思主义在意识形态领域指导地位的根本制度，坚持为人民服务、为社会主义服务，坚持百花齐放、百家争鸣，坚持创造性转化、创新性发展，以社会主义核心价值观为引领，传承中华优秀传统文化，弘扬革命文化，发展社会主义先进文化，人民日益增长的精神文化需求进一步满足，全党全国各族人民团结奋斗的共同思想基础更加巩固，国家文化软实力和中华文化影响力不断提升。宏大的实践创造为形成习近平文化思想奠定了坚实的实践基础，文化主体性蹄疾步稳。

精神主动彰显文化主体性。任何思想都是时代的产物，任何思想都需要在时代中发展。当代中国的精神主动不仅指开放包容面对西方历史文化和西方社会的充分主动，也包括守正创新坚持和发展马克思主义的充分主动。马克思主义是我们的指导思想，但是我们决不照抄照搬马克思主义，决不把科学原则当僵化教条，而是用发展着的马克思主义指导实践，是用中国化时代化的马克思主义指导实践。习近平文化思想深刻洞察时代本质，科学回答时代之问，主动引领时代潮流，继承革命文化，发展社会主义先进文化，借鉴吸收人类一切优秀文明成果，为马克思主义文化理论注入新的源头活水，展现出 21 世纪人类社会新文明光辉。

创造创新发扬文化主体性。习近平文化思想来自中华优秀传统文化的创造性转化和创新性发展。中华优秀传统文化是中华民族最基本的文化基因，根植在中国人内心，潜移默化影响着中国人的行为方式，铸就了中国人民的精神底色，也给予了我们高度自信。发扬文化主体性不是停留于对具体文化内容的简单重复，而是重视文化精神的阐幽发微，实现创造性转化、创新性发展，使中华民族最基本的文化基因与当代文化相适应、与现代社会相协调，把跨越时空、超越国度、富有永恒魅力、具有当代价值的文化精神弘扬起来。习近平文化思想"以古人之规矩，开自己之生面"，让古老的智慧浇灌出绚丽的现代文化发展与建设方略；通过"第二个结合"，进一步强化和确立起中华优秀传统文化在思想文化创造中"普照之光"的地位。

明体达用自觉文化主体性。"体"与"用"是中国哲学最为基本也是最为核心的一对范畴，体现在现实的历史实践活动中就是既保持相对确定和稳定又不断转换和变化的实践形态，体现在现实的思想理论创造中就是本体论思维与实践论工夫的相互契合与相互成就。习近平文化思想明体达用、体用贯通，既讲出了当代中国文化发展的大本大源与精髓要义，又做出了当代中国文化建设的战略部署与行动纲领，引领中国共产党和中国人民更加坚定文化自信基础上的道路自信、理论自信、制度自信，引领中国社会充分保持精神独立性，实现精神主动，激发出更为主动的精神力量。

有了这样的文化主体性，就有了文化意义上的真正自我和真实自我，中国共产党就有了引领时代的强大文化力量，中华民族和中国人民就有了国家认同的坚实文化基础，中华文明就有了和世界其他文明交流互鉴的鲜明文化特性。

《学习时报》（2023 年 10 月 11 日第 A1 版）

中华文化主体性的时代呈现

邹广文

习近平总书记近日在对全国宣传思想文化工作所作出的重要指示中，向全党提出了新的文化使命。这一文化使命的内涵表达，明确了中国共产党在新的历史起点上不断推进文化传承发展和繁荣兴盛的根本要求，它既是新时代我们党领导文化建设实践经验的理论总结，又是我们党强烈文化担当和高度文化自信的集中体现，更是承载着全体中国人民对未来中国美好文化前景的根本寄托。

今年 6 月 2 日，习近平总书记在文化传承发展座谈会上的重要讲话中指出，任何文化要立得住、行得远，要有引领力、凝聚力、塑造力、辐射力，就必须有自己的主体性。这一重大论断创造性地提出了"文化主体性"概念，这是对中华文化建设的规律性认识。

的确，在一定意义上可以说，一切国家和民族的崛起，都是以文化创新和文明进步为先导和基础的。文化是一条河，它所承载的是我们的生活世界，按照马克思的理解，人类社会生活在本质上是实践的，那么文化即是需要人民在生活中贯彻和诠释的实践方式。

主体性是一个民族文化生命的根本维系

主体和主体性的问题是哲学研究最核心的问题之一。在人与世界的关系展开中，人是作为主体而存在的。按照哲学最一般的理解，主体性作为一个关系范畴，指的是人在社会实践活动中与对象性客体所形成的关系、地位、作用和影响的性质。如果我们说哲学是人学，那么就意味着我们要从人作为主体的性质出发，来认识人与世界的关系。

谈到主体问题，黑格尔在其《精神现象学》一书中曾经提出过"实体即主体"的著名论断："照我看来，——我的这种看法的正确性只能由体系的陈述本身来予以证明——一切问题的关键在于：不仅把真实的东西或真理理解和表述为实体，而且同样理解和表述为主体。"在黑格尔看来，实体不仅是客观的，而且其自身就是能动的，是"活的实体"。任何实体无论是物质、人，还是社会，都具有能动性，其原因就在于他们自身之中都包含着矛盾性和否定性。实体是运动变化的主体。实体不是现成的、被给予的存在，不是永恒不变的本质。实体是辩证运动的主体，它的特征在于能动性。实体不是一蹴而就的，只有经历了辩证发展的全过程，才是全面、绝对的。实体的精神性或观念性使之成为主体，主体的客观性或存在性使之成为实体。

显然，人作为主体，其主体性的呈现也是一个历史的过程。德国文化哲学家卡希尔认为"人是文化的存在"，是文化划定了"人性的圆周"。如果说人是文化的存在，则人的主体性所表征的必然是人的文化生命，即文化主体性。一个民族要想真正做到自立自强，就必须真正实现民族的主体性自觉。正如习近平总书记所指出的，有了文化主体性，就有了文化意义上坚定的自我，文化自信就有了根本依托，中国共产党就有了引领时代的强大文化力量，中华民族和中国人民就有了国家认同的坚实文化基础，中华文明就有了和世界其他文明交流互鉴的鲜明文化特性。

在全球化时代，人类进入了一个普遍性交往的时代，世界各民族不同文化间的交流互鉴日益成为常态。在此情形下，主体性便成为一个民族文化生命的根本维系，也是我们确立文化自信的根本支撑。习近平总书记曾用三个"事关"来阐明文化自信的重要意义——事关国运兴衰、事关文化安全、事关民族精神独立性。的确，我们只有树立高度的文化自信，达到文化的主体性自觉，才能保持文化定力，筑牢中华文化自立于世界民族之林的精神根基，才能将自身的优秀传统文化转变为民族文化共识，振奋起全民族面向未来的精气神。

百余年中华文化走向的历史回顾

中华文化主体性植根于五千多年源远流长、博大精深的中华文明，在历史上中华文化曾经呈现出不同于世界其他文明形态的独特魅力。但是，中华文化在迈入人类现代化的过程中，曾遭遇严重的困境。中国人经历了从"傲慢"到"失落自信"再到"回归自信"的曲折心路历程。我们的文化主体性也一度陷入迷失。

自 1840 年第一次鸦片战争后，中国逐步沦为半殖民地半封建社会，国家蒙辱、人民蒙难、文明蒙尘，中华民族遭受了前所未有的劫难，中华优秀传统文化遭遇了空前的挑战，其文化主体性也日渐迷失。对个体而言，文化主体性的失落带来人的理想信仰的危机、精神家园的丧失、身份认同的迷茫；对国家而言，文化主体性的失落造成一个国家丧失独立自主，沦为强势文明的附庸与奴隶。

从鸦片战争到今天，可以说中华文化面对世界，经历了从"俯视"到"仰视"再到"平视"的心路历程。为实现中华民族伟大复兴的梦想，中国共产党带领人民迎来了从站起来、富起来到强起来的伟大飞跃，在中华大地上找回、发展、巩固了文化主体性，创立了习近平新时代中国特色社会主义思想，不断推动马克思主义基本原理同中国具体实际相结合、同中华优秀传统文化相结合，不断推进中华优秀传统文化实现创造性转化、创新性发展，不断吸收借鉴人类一切优秀文明成果，创造了人类文明新形态。因此，中华民族的文化主体性从传统走来，充分吸纳着现代文明成果，谱写着马克思主义中国化时代化的新篇章。

"结合"让中华文化主体性焕发出新生机

"结合"巩固了文化主体性，创立习近平新时代中国特色社会主义思想就是这一文化主体性的最有力体现。中国共产党人在建设具有中国特色的社会主义的伟大实践中，成功地实现了马克思主义基本原理同中国具体实际相结合、同中华优秀传统文化相结合，并经由这种有机"结合"而形成的新文化成为中国式现代化伟大实践的精神动力。

　　中华优秀传统文化充实了马克思主义的文化生命，使其显示出日益鲜明的中国风格与中国气派。马克思主义以真理之光激活了中华文明的基因，推动了中华文明的生命更新和现代转型。我们要坚持以"两个结合"为着力点，持续巩固中华文化主体性，塑造新的文化生命体，实现精神上的独立自主，不断培育和创造新时代中国特色社会主义文化，立足于中华文化主体性，我们才能够实现真正的文化自觉，进而实现对人类现代化共同价值的"自主的适应"。

　　　　　　　　《学习时报》（2023年11月06日第A2版）

中国共产党的文化主体性何以可能

李海青

习近平总书记在对宣传思想文化工作作出的重要指示中明确指出，坚定文化自信，秉持开放包容，坚持守正创新，为全面建设社会主义现代化国家、全面推进中华民族伟大复兴提供坚强思想保证、强大精神力量、有利文化条件。有了文化主体性，就有了文化意义上坚定的自我，文化自信就有了根本依托，中国共产党就有了引领时代的强大文化力量。如果文化的建设者、实践者没有主体性，文化就不可能立得住、行得远，更谈不上引领力、凝聚力、塑造力、辐射力。中国共产党的文化主体性根源于中华民族源远流长的文化传统，内生于马克思主义的理论逻辑，塑造于百余年砥砺探索的文化实践。

就文化传统而言，中华文明是世界上唯一一个未曾中断的伟大文明，尽管内容不断更新，构成不断变化，但最核心的优秀文化要素始终存在、生生不息，文化主体意识绵延持存，数千年一贯。空间上，中华民族在地理上形成了一个相对独立的单元，保持了民族与疆域的稳定性。这种时空的原因使得中华民族在历史发展中逐渐形成了一种独立的、自成一体的民族心态与文化心理，境内的各民族在相互融合中逐渐生成了中华民族本身的主体性，并形成了愈益明确的中华民族的主体认同特别是文化认同。

中国共产党自诞生之日起就是中国工人阶级的先锋队，同时是中国人民和中华民族的先锋队，具有强烈的民族主体意识，对中华文化的主体性有深切认知，具有高度的民族自觉和鲜明的文化自信。1938年10月，毛泽东在党的扩大的六届六中全会上指出："今天的中国是历史的中国的一个发展；我们是马克思主义的历史主义者，我们不应当割断历史。从孔夫子到孙中山，我们应当给以总结，承继这一份珍贵的遗产。"这里强调的就是民族文化的主体性不能消解、民族文化的连续性不能打断，历史虚无主义态度不可取。1944年在同英国记者斯坦因的谈话中，针对斯坦因询问的共产党是"中国至上"还是"共产党至上"问题，毛泽东又指出："没有中华民族，就没有中国共产党。你还不如这样提问题，是先有孩子还是先有父母？这不是一个理论问题而是一个实际问题。……中国历史遗留给我们的东西中有很多好东西，这是千真万确的。我们必须把这些遗产变成自己的东西。"中国共产党运用与贯彻马克思主义的辩证思维，逐渐形成了对传统与现代的正确认识，探索实现了马克思主义基本原理同中国具体实际相结合、同中华优秀传统文化相结合，成为中华民族的文化主体性的继承者与弘扬者。

　　马克思主义作为指导思想进一步塑造了中国共产党的文化主体性。这种塑造首先是基于马克思主义唯物史观对人作为历史主体的凸显。唯物史观强调历史发展是有规律的，社会基本矛盾运动推动历史发展，而规律是可以认识的，人通过把握和认识规律不仅能科学解释世界，而且可以能动改造世界。特别是客观的历史规律并不是外在于人的主体活动，而恰恰体现在人的现实实践中，人作为主体运用规律改造世界能够加速历史发展的进程。正如马克思主义强调的，历史不过是追求着自己目的的人的活动而已。进而言之，马克思主义不仅在一般哲学理论的层面承认人的主体性，作为无产阶级政党的世界观与方法论，尤其强调无产阶级及其先锋队作为能动主体对于包括文化使命在内的历史使命的承担。共产党作为无产阶级先锋队，致力于改造旧世界、批判旧文化，建立新社会、建设新文化。《共产党宣言》对此有非常集中的阐发，指出由于开拓了世界市场，资产阶级"使未开化和半开化的国家从属于文明的国家，使农民的民族从属于资产阶级的民族，使东方从属于西方"。所谓"文明的国家"即当时创造了工业文明的资产阶级国家。资产阶级与资本主义文明受资本逻辑的支配，不仅在国内榨取工人的剩余价值，而且在世界范围内进行疯狂的殖民、剥削与掠夺。而共产党的历史使命就是推翻资本主义制度，批判旧的意识形态，实现"两个彻底决裂"，建立每一个人都能实现自由全面发展、整个社会关系高度优化和谐的"自由人联合体"。"两个彻底决裂"，即共产主义革命就是同传统的所有制关系实行最彻底的决裂，同传统的观念实行最彻底的决裂。在此，"同传统的观念实行最彻底的决裂"是指同传统的私有观念，同以人类历史上的私有制特别是资产阶级私有制为基础的传统意识形态的内容与形式彻底决裂，并没有否定继承、吸收人类文化中的优秀精华的含义。而要实现文化方面颠覆性、革命性的破旧立新，马克思主义政党就必须具有高度的文化主体性，自觉认识、主动践行自己的文化使命。中国共产党作为具有使命担当的马克思主义政党，对此更是有着深刻理解与鲜明体现。

如果说文化传统与马克思主义揭示了中国共产党文化主体性的历史根基与理论基础，那么百余年的砥砺探索则是其文化主体性生成的实践基础。《中共中央关于党的百年奋斗重大成就和历史经验的决议》将坚持独立自主作为党百年奋斗的宝贵历史经验之一，指出独立自主是中华民族精神之魂，是我们立党立国的重要原则。独立自主体现在文化领域，实际上表明的就是党的文化主体性。早在1918年，李大钊发表的《东西文明根本之异点》一文中，就认为单靠东洋文明或单靠西洋文明都不能解决中国和世界的危机问题，未来中国要走向社会主义，在文化上只有以马克思主义为指导，继承并超越东西方文化，取其精华、去其糟粕，走"第三新文明"的发展方向和道路，"第三新文明之崛起"是中华文明发展的方向。这实际上已经预先明确了中国共产党的文化使命与主体担当。新民主主义革命时期，党提出了发展新民主主义文化的任务，指出我们不但要把一个政治上受压迫、经济上受剥削的中国，变为一个政治上自由和经济上繁荣的中国，而且要把一个被旧文化统治因而愚昧落后的中国，变为一个被新文化统治因而文明先进的中国。新中国成立前夕，毛泽东指出："随着经济建设的高潮的到来，不可避免地将要出现一个文化建设的高潮。中国人被人认为不文明的时代已经过去了，我们将以一个具有高度文化的民族出现于世界。"强调文化建设的高潮不可避免，充分体现了中国共产党对于中华民族文化发展的自觉和信心。新中国成立后，我们党将"百花齐放、百家争鸣"确认为繁荣科学和文化艺术工作的指导方针，体现了对社会主义科学文化发展客观规律的正确认识。

党的十一届三中全会以后，邓小平强调我们要在建设高度物质文明的同时，建设高度的社会主义精神文明。党的十五大提出了建设有中国特色社会主义文化的新任务，指出以马克思主义为指导，以培育有理想、有道德、有文化、有纪律的公民为目标，发展面向现代化、面向世界、面向未来的，民族的科学的大众的社会主义文化。中国特色社会主义进入新时代，习近平总书记立足新的历史方位，把文化建设提升到一个新的历史高度，强调文化自信是更基本、更深沉、更持久的力量；强调坚持"两个结合"特别是把马克思主义基本原理同中华优秀传统文化相结合，巩固文化主体性；强调推动中华优秀传统文化创造性转化、创新性发展；强调建设社会主义文化强国，激发全民族文化创新创造活力；强调推动构建人类命运共同体，创造人类文明新形态；等等。习近平总书记在新时代文化建设方面的新思想新观点新论断内涵十分丰富、论述极为深刻，形成了习近平文化思想。习近平文化思想明体达用、体用贯通，明确了新时代文化建设的路线图和任务书，标志着我们党对中国特色社会主义文化建设规律的认识达到了新高度，表明我们党的历史自信、文化自信达到了新高度。回顾过去、展望未来，中国共产党的文化自觉必将不断增强，文化自信必将愈益坚定，文化主体性也将会得到更为充分的体现。

《学习时报》（2023 年 11 月 10 日第 A1 版）

学术圆桌

"第二个结合"与文化主体性的巩固

刘同舫

内蕴世界文明普遍性特质的马克思主义为 20 世纪初遭遇苦难和屈辱的中国人民提供了改变自身命运的强大理论武器。然而，如何将马克思主义运用于中国革命实践，如何在实践中发挥马克思主义的思想伟力，成为中国马克思主义者面临的重大问题。经过长期的探索，中国共产党在总结正反经验的基础上，提出将马克思主义基本原理同中国具体实际相结合的理论命题。历史证明，这一"结合"是保证中国社会主义事业在革命、建设和改革时期行稳致远的重要法宝。中国特色社会主义进入新时代，习近平总书记多次指出中华优秀传统文化对于推进社会主义事业建设的重要性，在庆祝中国共产党成立 100 周年大会上的讲话中首次提出要将"马克思主义基本原理同中华优秀传统文化相结合"。将马克思主义基本原理同中华优秀传统文化相结合是继将马克思主义基本原理同中国具体实际相结合后的"第二个结合"。2023 年 6 月，习近平总书记在文化传承发展座谈会上强调"第二个结合"对于巩固文化主体性的重要意义。如何把握"第二个结合"对巩固文化主体性的深刻内涵，这一问题值得深入发掘和系统思考。对此，学界已经提出了诸多具有参考价值的观点，但现有研究成果大多基于中华优秀传统文化的视角，论述中华优秀传统文化对中国式现代化建设和文化主体性巩固的意义。笔者认为，理解"第二个结合"对文化主体性的巩固作用，需要厘清文化主体性的内涵，回答文化主体性何以需要巩固，在此基础上探究"第二个结合"巩固文化主体性的可能性，侧重从马克思主义基本原理的角度考察"第二个结合"与文化主体性的关系，进而补充和深化对"第二个结合"与文化主体性巩固之间关系的研究。

文化主体性及其为何需要巩固的问题

把握理论命题首先需要明晰其中的核心概念与问题，

"第二个结合"巩固的对象是"文化主体性",理解这一理论命题必须从理解"什么是文化主体性"入手。围绕"什么是文化主体性",可以提出以下三个问题:第一,在对马克思主义基本原理的一般理解中,只有人或集体才构成主体,主体性是关于现实的个人或某一"类"人的哲学话语,文化何以具有主体地位,文化何以表征主体性意味?第二,"第一个结合"推动了中国革命、建设和改革事业在经济、政治和文化等领域的进步,为何谈及"第二个结合"的重要意义时,却更加侧重于社会意识或上层建筑层面的文化主体性?第三,改革开放以来,我国文化建设如火如荼,进入新时代,社会主义文化事业和社会主义文化强国建设逐渐呈现出大发展、大繁荣的形势,在这一背景下为何需要巩固文化主体性?

关于"文化"何以具有主体性的问题。理解"文化主体性",首先需要追问什么是"主体性"。就国内学界形成的基本共识而言,主要是将主体性理解为主体所具有的某种属性,强调在主体与客体或主体与主体的关系中理解主体和主体性的内涵。在"'第二个结合'巩固文化主体性"这一理论命题中,"第二个结合"需要巩固的是当代中国语境下的文化主体性,当代中国正是命题所涉及的"文化主体性"中的"主体"。因此，当我们讲到"文化主体性"，不是以文化本身作为主体，而是意指在文化层面上彰显当代中国作为主体的特殊性质。

关于为何需要突出"文化主体性"的问题。当代中国在与世界上其他民族、国家的交往过程中凸显的"主体性"具有多重表现，如中国的领土、领空、领海、人口、资源、环境等因素在地理环境层面标识了当代中国的主体性，中国式现代化的经济成就在经济基础层面标识了当代中国的主体性，等等。然而，这些表现尚且不能完全说明当代中国之为当代中国的特殊属性。自然地理层面上的边界或资源无法决定民族和国家的社会特征，而经济基础虽然从根本上决定了一个国家"走什么路"的问题，但也不能全然反映某一民族、国家社会生活的全部内容。唯有文化，不仅能够反映经济基础的根本性内容，而且文化具有的相对独立性，使其可以留存和反映那些不完全体现于经济基础的当代形态，并深刻影响着某一民族、国家精神生活和社会生活的基因和根脉。对于一个民族、国家来说，最能够凸显自身鲜明特质、使自身区别于他者的主体性正是文化主体性。

关于"文化主体性"为什么需要巩固的问题。进入新时代以来，中国共产党高度重视文化强国建设，在中国式现代化进程中文化事业建设不断迎来新的发展。然而，在当代中国语境下，面对"文化主体性"存在哪些方面亟待巩固的问题，需要立足当代中国文化主体性的双重内涵来加以分析。

处于当代中国语境之中的文化主体性具有双重内涵。在世界范围内，能将中国与其他民族、国家主体性区分开来的因素首先是中国历史，而历史对现实的影响只有通过文化的形式才能得以实现。因此，中华优秀传统文化是当代中国语境中文化主体性的第一重内涵。习近平总书记指出："中华民族具有百万年的人类史、一万年的文化史、五千多年的文明史。"文化和文明是历史的"活化石"，中华文化和中华文明反映了中华民族悠久绵长的历史。每一历史时期的文化都反映着特定时期人们的生产方式和生活方式，但在历史传承过程中，有些文化能够长期留存，有些文化由于不适合特定时代的生产方式和生活方式而泯于历史之中，有些文化在新的实践中转化了形式和内容并以新的形态传承下来。文化以复杂且包容的形式涵盖了一个民族的历史与现实。"人们自己创造自己的历史，但是他们并不是随心所欲地创造，并不是在他们自己选定的条件下创造，而是在直接碰到的、既定的、从过去承继下来的条件下创造。"影响着在历史中活动的现实的个人的最直接、最深切的"条件"就是生于斯、长于斯的文化。在世界范围内能够凸显、区别出"当代中国"特殊内涵的是"历史中国"，而"历史中国"的集中体现就是中华优秀传统文化，中华优秀传统文化构成了"当代中国"主体性的深层次依据，而"当代中国"的文化主体性首先指向中华优秀传统文化。

区别当代中国与世界其他民族、国家文化主体性的第二重内涵是"社会主义文化"。在实然层面上，中国始终坚持社会主义道路，保证了国家政权的社会主义性质，社会主义公有制的生产方式以及党的领导决定了当代中国的文化必然以社会主义文化为主流。中国共产党成立以来，中国革命、建设与改革实践早已将社会主义文化融入中国人生活世界的方方面面。在应然层面上，面对当前国际共产主义运动处于相对低潮的局势，在中国式现代化正在创造人类文明新形态的背景下，"走出去"的当代中国文化愈发要求以社会主义文化宣扬自身的鲜明特质。

当代中国的文化主体性既包含中华优秀传统文化的内涵，又包括社会主义文化的内涵，两种内涵之间存在着自发的张力。马克思主义是孕育于西方文化土壤、诞生于资本主义社会，代表无产阶级利益的科学理论；中华传统文化的核心——儒家思想发端于春秋战国时期，最初代表奴隶主阶级的利益，历经汉代"独尊儒术"以至宋明之际理学的兴盛，成为封建地主阶级利益的思想文化表征。马克思主义与中华传统文化具有时间、空间、立场和方法等多个维度的显著差别，在"自觉的意识层面更多地表征为冲突"。中华传统文化在悠久的历史传承过程中不可避免保留了部分落后的文化因素。"第一个结合"即将马克思主义同中国具体实际相结合的主张在一定程度上弥合了中华传统文化与马克思主义之间的思想差距。

"第二个结合"巩固文化主体性的可能性

作为当代中国文化主体性的两个组成部分，马克思主义与中华传统文化的确存在张力性的关系，在"第二个结合"的过程中，二者之间的张力性关系既越发凸显，又获得了转化的可能性。张力性关系意味着二者在思想文化维度上存在异质性，然而，两种异质性的思想文化的碰撞，却往往也能孕育更加具有生命力的新的文化形态。马克思主义基本原理与中华优秀传统文化的结合，既有视域基础，也存在内容本身的契合性；既是以马克思主义的立场、观点和方法对中华传统文化的扬弃，又是以中华优秀传统文化为理论根基与思想源泉，展现中国化马克思主义世界性意义的过程。"第二个结合"彰显了文化自信的精神力量，"让我们掌握了思想和文化主动"。

承认马克思主义基本原理与中国传统文化间存在张力性关系，是理解"第二个结合"对于文化主体性巩固作用这一命题的前提。在"第一个结合"中，马克思主义基本原理与中国具体实际的张力表现为理论与实践的矛盾，其中，在一定程度上影响中国社会走向的传统文化只是作为"前因"和"背景"，并未被纳入"第一个结合"的问题核心。但随着马克思主义中国化进程的深入，马克思主义基本原理与中国传统文化的相遇和碰撞变得不可避免。"第二个结合"的提出，不仅意味着对这一重大理论与现实问题的重视，而且以高度的理论自觉宣告了当代中国共产党人对待和处理这一张力性问题的积极态度，有助于全社会在更大范围内增强对社会主义中国的文化主体性认同。

从马克思主义的理论视域来看，将马克思主义基本原理同中华优秀传统文化相结合，是马克思主义理论创新的重要路径。马克思的思想同样是伴随马克思对具体民族、国家特殊情况的深入关注而不断发展深化的。在青年时期，马克思深受黑格尔哲学的影响，注重从世界历史的普遍性角度把握人类社会的运动状况，直至与恩格斯合著《共产党宣言》时，他仍鲜明地指出，随着资本主义世界市场的形成和发展，"民族的片面性和局限性日益成为不可能，于是由许多民族和地方的文学形成了一种世界的文学"。随着革命实践的深入，马克思逐渐关注到不同民族、国家具体情况的特殊性。在对法国1848年革命以及1851年的波拿巴政变的历史分析中，马克思着重指出法国国情的特殊性和典型性，将其与作为资产阶级社会典型形式的英国相区分，尤其是注意到法国独有的社会文化心理对于革命运动的影响。晚年马克思在与俄国民粹主义者的通信中，更是多次提出不能将其"关于西欧资本主义起源的历史概述彻底变成一般发展道路的历史哲学理论"，强调"极为相似的事变发生在不同的历史环境中就引起了完全不同的结果"，指出俄国国情既不同于英国或西欧，也不同于作为殖民地的东印度地区，对俄国现实道路的思考需要从其自身的实际状况出发。可见，马克思愈发关注世界历史普遍性与具体民族、国家社会背景特殊性的关系。以往学术界论及马克思思想发展的趋向时，主要认定其为"第一个结合"即马克思主义必须与中国具体实际相结合提供了理论依据，但笔者认为，从深层次上看，马克思思想发展的这一趋向还蕴含着另一层意思：马克思主义作为一种科学理论，只有具体问题具体分析才使其成为科学；只有先把握具体的特殊性，才能上升到抽象的普遍性；与特殊性相结合，增益的是马克思主义自身的普遍真理性。

进入 20 世纪以后，马克思之后的马克思主义者不断深化对民族、国家特殊性视野的关注，将马克思主义基本原理与各自民族、国家的文化传统相结合，推动了马克思主义的创新和发展。早期西方马克思主义的代表人物卢卡奇将马克思主义哲学与黑格尔哲学传统相结合，聚焦"总体性"的哲学范畴，对马克思主义哲学创造性地提出自己的观点；本雅明则将马克思主义与犹太教传统的"弥赛亚"精神相结合，开创了弥赛亚主义的马克思主义；萨特试图改变存在主义哲学，将马克思主义哲学与存在主义相结合，建立了存在主义的马克思主义理论体系。此外，还有将马克思主义与阿拉伯民族宗教思想相融合的"阿拉伯马克思主义"，将马克思主义与天主教思想相结合的"解放神学"理论，等等。这些"创新形态"虽未必在立场、观点和方法上坚持马克思主义的理论本色，甚至走向马克思主义理论范围之外乃至对立面，但其创见着实为马克思主义思想界乃至世界思想界提供了富有自身特色和生命力的理论架构。反观马克思主义在 20 世纪的发展路径，我们可以发现许多镶嵌在"马克思主义"名下的思想都引介了学者自身所熟知的传统文化资源。他们之所以将马克思主义的基本原理与各自的文化传统相结合，缘于他们各自依托的文化传统构成了他们"创新"马克思主义的源头活水。

创新、发展马克思主义既可以"返本"，如从马克思的经典文本中发掘前人未曾关注到的概念、范畴或论述；也可以"开新"，即尝试将马克思主义与不同文化传统碰撞融合以培育新的理论形态。对于中国的马克思主义者而言，"开新"最有可能加以运用且得心应手的文化传统就是中华传统文化，因为中华传统文化构成了中国人民生存和生活的基调和背景。在合理的程度和范围内将中华优秀传统文化同马克思主义基本原理相结合，是理论界推动马克思主义创新发展的一条"阳关大道"。

从中华传统文化的角度来看，中华传统文化与马克思主义基本原理之间的张力存在转化的可能，意味着中华传统文化能够满足与马克思主义基本原理相结合的条件。

这种条件首先来自中华传统文化传承的代际嬗变和现时代形态。一方面，正如语言、概念本身在历史的传承中内涵可能嬗变一样，由于旧有（往往是落后）的生产力和生产关系的消亡，传统文化也必然在保持相对稳定的流传中有所转变。中华传统文化在社会进步、发展的进程中必然受到其正向引力的作用，自觉扬弃不合时宜的成分。另一方面，当代人对传统文化的理解总是基于当下社会背景而展开的。无论是所谓传统文化，还是传统文化中的优秀成分，无不是在当代人的理解和认定中成为"传统文化"或"优秀传统文化"，是站在当代中国立场上的"传统文化"或"优秀传统文化"。当然，文化的传承有赖于经济基础和物质载体等的遗存，但在较为发达的生产力和生产关系的地基上，人们对传统文化的承认和优秀传统文化的选择必然带有某种"进步"色彩。

其次，两者得以"结合"的条件还在于中华传统文化的优秀成分在内容上与马克思主义基本原理具有契合之处。"'结合'不是硬凑在一起的。马克思主义和中华优秀传统文化来源不同，但彼此存在高度的契合性。"在中华优秀传统文化中，"天下为公、讲信修睦的社会追求""民为邦本、为政以德的治理思想""革故鼎新、自强不息的担当"以及"把人安放在家国天下之中"等观点，均能与马克思主义基本原理产生共鸣。"民为邦本、为政以德的治理思想与人民至上的政治观念相融"，其中，人民至上观念正是中国化时代化马克思主义以中国话语的形式予以提出和论证的。正如当代中国语境中的"中华优秀传统文化"必然带有对当下社会背景的理解，"马克思主义基本原理"也是当代中国人理解和认识的"马克思主义基本原理"，马克思主义基本原理和中华优秀传统文化的汇通具有时空叠加交汇下的双向性。

最后，"结合"并非是不加选择地将两种文化全盘融合，得以"结合"的条件还来自马克思主义在"结合"中的主导地位。"中国特色社会主义道路首先是社会主义，这是从马克思那里来的"，巩固文化主体性，"守的是马克思主义在意识形态领域指导地位的根本制度"这个"正"。在马克思主义与中华传统文化的关系中，决定矛盾双方转化的主要方面是马克思主义。"第二个结合"不是"文化复古"，而是强调在中华传统文化中寻找优秀成分以推动马克思主义理论和实践的创新。只有明确和坚持"第二个结合"的基本立场和价值目的，才能完整把握"第二个结合"巩固文化主体性的真切内涵，真正推进"第二个结合"的实践工作。

马克思主义与中华传统文化在当今中国的语境中既具有融合的视域基础，也存在汇通的内容契合性，使"第二个结合"具备巩固文化主体性的理论可能和现实根基。"第二个结合"的实质表现为坚持马克思主义的指导，运用马克思主义基本原理辨别中华传统文化中的优秀成分，在马克思主义与中华优秀传统文化的内在融合中，推动具有中国风格、中国气派的中国化时代化马克思主义新形态的生成过程。

"第二个结合"对文化主体性的实践推进

如果说"第一个结合"重点回答了马克思主义在中国实践中的应用问题，体现了理论与实践之间的辩证关系，那么"第二个结合"则主要关注的是两种差异性理论的融合与创新问题。"第二个结合"是立足中国式现代化的新征程、世界百年未有之大变局提出的深刻时代命题。党的十八大以来，中国共产党提出了"将马克思主义基本原理同中华优秀传统文化相结合"的重大命题，不仅切实巩固和发展了当代中国的文化主体性，而且在世界舞台上展现了社会主义中国的自我主张和文化担当。

党的十八大以来，中国共产党将马克思主义基本原理同中华优秀传统文化相结合，一方面，在坚持马克思主义的基本立场、弘扬中华优秀传统文化中，巩固中华民族的文化自信；另一方面，将中华优秀传统文化作为宝贵的精神财富，积极汲取中华优秀传统文化的资源，以中华优秀传统文化的养分推动中国化时代化马克思主义的发展。

坚持以历史唯物主义的基本观点审视中华传统文化，旗帜鲜明地与历史虚无主义和文化虚无主义作斗争，牢牢守住中华优秀传统文化的"根脉"。习近平总书记指出，要"自觉反对那些数典忘祖、妄自菲薄的历史虚无主义和文化虚无主义，自觉提升境界、涵养气概、激励担当"，作出诸如设立中国历史研究院、中国国家版本馆等重大决策，提出开展党史学习教育，推动"四史"学习教育等，为维护文化自信和历史自信、守住中华优秀传统文化的"根脉"提供了物质基础和制度保障。

注重从生产方式和生活方式的层面巩固、革新中华优秀传统文化的存续根基。生产方式和生活方式塑造着相应的生产关系和交往关系，形成了与之相适应的社会意识形式的现实基础。家庭和以家庭为基础的宗法关系是维系中华传统文化的基本单位与核心纽带，这一"单位"和"纽带"从未发生断节是中华传统文化之所以数千年赓续不绝的重要社会基础。党的十八大以来，习近平总书记多次强调家风建设，注重革命家风的培养和传承，注重维护家庭——作为中华文化传承的基本社会单位，以家庭家风文化建设铸牢中华传统文化在新时代的精神根基与社会根基，并积极宣扬革命家风，以革命家风建设涵养和推动中华优秀传统文化的创造性转化与创新性发展，为弘扬中华优秀传统文化奠定了社会关系基础。家风建设和革命家风传承鲜明体现了中国共产党贯彻马克思主义基本原理，是巩固、发展中华优秀传统文化的实践创举。

中国共产党积极汲取中华优秀传统文化的资源，助力中国化时代化马克思主义的创新发展。依托中华优秀传统文化的本土资源推动中国化时代化马克思主义的创新发展，突出表现为在坚持马克思主义立场、观点和方法的基础上为其实践应用提供更具体化和现实化的策略。马克思主义科学论证了人类解放的实现目标、基本途径、主体动力等问题，中国传统文化中虽也有对大同社会的美好理想，包含对人民群众作为历史推动者地位的朴素唯物主义认识，但并未达到科学社会主义的理论高度。将马克思主义基本原理同中华优秀传统文化相结合，主要体现在以中华优秀传统文化中蕴含的精神品质与独特价值体系等智识资源，助力马克思主义基本原理的实践运用。在新时代中国特色社会主义实践中，中国式现代化和人类命运共同体伟大设想的提出充分体现了这一点。

中国传统的"和合共生"理念是推动构建人类命运共同体的重要思想资源。共产主义是马克思主义人类解放思想的最终目标，而"构建人类命运共同体是马克思'真正的共同体'的当代选择，是为最终实现每个人的自由而发展架构的现实通道和关键环节"。人类命运共同体构想的提出，既以马克思主义基本原理作为基础的理论依据，也是从中华优秀传统文化中汲取思想资源的结果。构建人类命运共同体是马克思"真正的共同体"思想的当代体现，但要赋予马克思"真正的共同体"现实的、时代的新特征，不能仅仅从西方思想传统中寻求借鉴。正如有学者所指出的："尽管共同体思想在西方源远流长，但这些共同体都是边界共同体，西方文明本身缺乏构建人类共同体的文化基因，因为在西方历史上从来没有产生过天下一体的包容性思想。"与之相反，中华传统文化中的"和合"思想、"和而不同、兼收并蓄"的文明共存观，为人类命运共同体的理论构想和实践推进提供了理论参考。当今世界，"逆全球化"思潮和现实的加剧趋势、国家之间的局部战争或零和博弈状况以及利益或意识形态的冲突，使各民族、国家忽视了自身命运归根结底是休戚与共的事实。中华传统文化中基于"和合"理念的文明共存观为协调各国之间冲突与矛盾提供了基本价值遵循，为人类命运共同体构想的可行性提供了文化层面的保障。

中华优秀传统文化是中国式现代化道路之文化主体性的重要方面，中国式现代化概念的提出和中国式现代化道路的推进不同于"现代化在中国"，其着重在于对"中国"这一规定性的凸显，而最具表现力的特质就是独具特色的中华优秀传统文化。中国式现代化的提出，无疑是对中华优秀传统文化的深度自觉与自信。除此之外，中国式现代化道路之所以能够避免陷入西方资本主义现代化道路的困境，既是坚持马克思主义科学真理的结果，也是中华优秀传统文化提供思想贡献的成果。西方资本主义文化建基于对工具理性的高度认同，马克斯·韦伯就将西式现代化的实质看作是工具理性对前现代性的祛魅，而中华优秀传统文化以其对价值理性的关怀，能够对西式现代化"起到濡化、矫正、加魅的作用，解决的是文化滋养与精神家园的问题"。推动中国式现代化要接中国的"地气"，而中华优秀传统文化中独特的文化因子和精神要素构成了中国式现代化不竭的精神动力。

"第二个结合"既推动了中华传统文化的时代转化，又为马克思主义的当代发展提供了中国智慧。在深入贯彻"第二个结合"的过程中，当代中国文化主体性的两个方面不再彼此分立，而是统一于更高层次的中国化时代化马克思主义之中。"第一个结合"解决了马克思主义"引进来"之后"怎么办"的问题，"第二个结合"则回答了已扎根中国的马克思主义如何发展的问题。将马克思主义基本原理同中华优秀传统文化相结合既在实践上取得了重大成就，也意味着更具中国特色、中国风格、中国气派的中国马克思主义新的形态的历史性生成。置身国际共产主义运动陷入低潮的历史背景中，中国共产党人承担着向世界宣告马克思主义真理性力量的时代任务。当代中国马克思主义是当之无愧的二十一世纪马克思主义，中华民族伟大复兴是居于世界进步力量之领先地位的历史前提。随着"第二个结合"的不断深入推进，当代中国文化主体性不再表现为遭遇外来文化主体性时的被动映衬，而是表现为主动走向世界，在世界舞台上自信展现中国马克思主义理论与实践成就的自我主张。

《思想理论教育》（2024 年第 1 期）

中华文化主体性的四维意蕴

杨文圣　蔺　雨

　　文化关乎国本，关乎国运。在全党全国各族人民迈上全面建设社会主义现代化国家新征程、向第二个百年奋斗目标进军的关键时刻，社会主义文化强国建设进入新阶段。2023 年 10 月召开的全国宣传思想文化工作会议，首次提出了习近平文化思想。习近平文化思想是对马克思主义文化理论的丰富和发展，是新时代党领导文化建设实践经验的理论总结。中华文化主体性的相关论述是习近平文化思想的重要组成部分。2023 年 6 月，习近平总书记在文化传承发展座谈会上的讲话中指出，"任何文化要立得住、行得远，要有引领力、凝聚力、塑造力、辐射力，就必须有自

137

己的主体性"，中华文化反映着中华民族的精神追求，"具有自我发展、回应挑战、开创新局的文化主体性与旺盛生命力"。中华文化主体性是中华民族有别于其他民族的文化基因、精神品质以及独特价值体系，是中华民族主体性的文化表征，是文化自信的来源，是中华文明和世界其他文明交流互鉴所具有的鲜明文化特性。当前，中华民族伟大复兴进入关键时期，既需要强大的物质力量积淀，也需要强大的精神力量支撑。巩固和发展中华文化主体性是推进文化自信自强的根本依托，是肩负起新时代新的文化使命、推进中华民族伟大复兴的题中应有之义。

"历史—现实"之维：在中华文明的连续性中追溯中华文化主体性

习近平总书记指出，中华文明具有突出的连续性，"是世界上唯一绵延不断且以国家形态发展至今的伟大文明"。中华文明的连续性从根本上决定着中华文化主体性在总体上的未曾断绝，从源远流长的中华文明的历史连续性出发，能够从源头上形成对中华文化的"自知之明"，从而厘清中华文化主体性的来源和形成过程，明晰中华文化主体性所具有的特色和发展趋向。

1. 中华文化主体性的追溯——古老文明独立发端

中华文化主体性的溯源与中华文明的发端息息相关。2023年6月，习近平总书记在参观中国国家版本馆和中国历史研究院内的中国考古博物馆之后指出，要实施好重大考古项目，做好中华文明起源的研究和阐释工作，要全面深入地了解中华文明的悠久历史。中华文明独立发端于中国这片沃土，"是世界上为数不多的原生文明之一"。随着考古工作的深入开展、考古资料的不断充实，"中华文明起源与早期发展综合研究"等重大工程的研究成果，实证了"中华民族具有百万年的人类史、一万年的文化史、五千多年的文明史"。

在中国发现的元谋人、郧县人等古人类的牙齿化石，年代大多距今约100万年。100万年前的郧县人制作了代表当时世界上最高水平的生产工具——手斧，且早于欧洲。这些考古发现证实中华文明并非"西来"，中华民族拥有着漫长的旧石器时代和"百万年的人类史"。"一万年的文化史"始于新石器时代农业的开启。新石器时代古人类生产生活的种种遗迹遗物表明，农业起源在我国至少能够上溯至一万年以前。中国史前文化具有多样性，是以中原为核心，以黄河与长江流域为主体，结合周边地区文化而形成

★ ★ ★

的一个有机整体，形成了早期中国文化"重瓣花朵式的向心结构"相互作用圈，奠定了中华民族农耕文明的底色。

恩格斯在《家庭、私有制和国家的起源》中指出，"国家是文明社会的概括"。中华文明探源工程"坚持历史唯物主义，提出文明是人类文化和社会发展的高级阶段"，"提出进入文明社会标准：一是生产发展，人口增加，出现城市；二是社会分工，阶层分化，出现阶级；三是出现王权和国家"。这三大标准都确证中华民族五千年文明是历史事实而非虚言。习近平总书记指出，"中华文明探源工程提出文明定义和认定进入文明社会的中国方案，为世界文明起源研究作出了原创性贡献"。在浙江良渚遗址发现的内城、外城以及大型水利工程，揭示出良渚当时已经出现了阶级、王权和国家，进入了文明社会。2019 年，联合国教科文组织将良渚古城遗址列入《世界遗产名录》，标志着中华民族五千年文明史得到国际社会广泛认可。足见，中华文明的发端历史悠久，是中华文化主体性的根本所在。

2. 中华文化主体性的挑战——近代中国文明蒙尘

中华民族是世界上古老而伟大的民族，文明历史积厚流光，对于人类文明进步具有不可磨灭的贡献。但是近代以来，中华文明面临来自西方的巨大挑战，中华文化主体

◆ ◆ ◆

性在历史境遇中濒临危机。

19世纪，资产阶级"由于开拓了世界市场，使一切国家的生产和消费都成为世界性的了"，"使未开化和半开化的国家从属于文明的国家，使农民的民族从属于资产阶级的民族，使东方从属于西方"，加之晚清"封建统治者夜郎自大、因循守旧、畏惧变革、抱残守缺，跟不上世界发展潮流"，1840年鸦片战争之后，中国逐步成为半殖民地半封建社会，国家蒙辱、人民蒙难、文明蒙尘。西方列强在对中国实行军事侵略、政治控制、经济掠夺的同时，还对中国进行文化渗透，企图打击、摧毁中国人的民族自尊心和自信心。在西方思想文化、科学技术的冲击之下，在农业文明与工业文明的强烈对比之中，经受了刻骨铭心的历史之痛，"华尊夷卑"的观念逐渐瓦解，中国知识分子开始对中华传统文化产生质疑与反思，甚至出现"全盘西化"的观点。例如严复所言"中国自甲午一创于东邻，庚子再困于八国，海内憬然，始知旧学之必不足恃"；梁启超指出近代中国人先从器物上感觉不足，再是从制度上感觉不足，继而从文化根本上感觉不足；胡适认为"我们必须承认我们自己百事不如人"；陈序经则明确提出"简单地说，西洋的文化，是现代世界的文化"。在欧风美雨的西方文明冲击

★ ★ ★

下，中华文化主体性面临震荡危机，但亦在此时，中国向西方学习之路就此发端。从"师夷长技以制夷"到"中体西用"，从"公车上书"到"三民主义"，无数仁人志士努力挽救中华民族于水火，中华文化主体性也因此止于动摇而非轰塌。

3. 中华文化主体性的坚守——中国共产党勇担使命

在中华文化主体性立于风雨飘摇之际，十月革命为中国送来了马克思列宁主义，点亮了中华文明前进的灯塔。在中国人民和中华民族伟大觉醒的年代，中国共产党应时而生，实现了对中华文化主体性的赓续和继承。

从纷然杂陈的各种观点和路径中，经过反复比较和鉴别，中国共产党毅然选择了马克思列宁主义，选择了为实现共产主义而奋斗的崇高理想，把为中国人民谋幸福、为中华民族谋复兴确立为自己的初心使命，义无反顾地把复兴中华文明的重任扛于肩上。为了实现中华民族伟大复兴，中国共产党团结带领中国人民顽强奋斗，创造了新民主主义革命的伟大成就，建立了人民当家作主的中华人民共和国，实现了民族独立、人民解放，为坚守中华文化主体性创造了根本社会条件。这也是中华文明"国土不可分、国家不可乱、民族不可散、文明不可断"的统一性的集中体现，中华文明突出的统一性既是中华文化主体性连续的前提，亦是中华文化主体性连续的结果。

中国共产党人在马克思列宁主义的指导之下，以科学的态度对待传统文化。一方面，对传统文化取其精华、去其糟粕，去粗取精、去伪存真，扬清抑浊、推陈出新，在批判中继承，在继承中发展，不断弘扬优秀传统文化；另一方面，高度重视并深刻理解中国的历史与国情，坚守中华民族的文化根脉，坚定维护中华文化主体性，正如毛泽东所指出的，"我们这个民族有数千年的历史，有它的特点，有它的许多珍贵品……我们是马克思主义的历史主义者，我们不应当割断历史。从孔夫子到孙中山，我们应当给以总结，承继这一份珍贵的遗产"，"自从中国人学会了马克思列宁主义以后，中国人在精神上就由被动转入主动。从这时起，近代世界历史上那种看不起中国人，看不起中国文化的时代应当完结了。伟大的胜利的中国人民解放战争和人民大革命，已经复兴了并正在复兴着伟大的中国人民的文化"。在中国共产党的领导下，中华民族形成了复兴的正确方向，中华文化主体性也在从古至今的延续中未曾中辍，而是获得了新生。

"传统—未来"之维：中华文化主体性在接续传统中指向未来

中华文化主体性贯通于传统、现代与未来之间，既不能脱离传统，又与现代和未来相连接；既具有自身一贯的同一性，又具有不断更新的创造性。传统具有过去性，是已经确定了的东西。而如何对待传统，则具有面向未来的敞开性与不确定性。从既定的传统出发，以其为参照，对其持续进行解释与创新发展的过程，是使过去已经确定了的传统生动起来的过程，是使远离我们的传统不断贴近我们的过程，是使传统不断壮大、不断丰富的过程，是不断开拓新世界、展现新未来的过程。我们在理解传统时，核心奥义不仅仅在于理解其本身，更是在于"通古今而计之"，在与传统的对话之中指向无限的未来。中华文化主体性既体现在以传统为参照，对中华文化进行传承；又体现在以中华文化的未来发展为指向，对传统文化加以解释和创新发展，在中国特色社会主义文化的发展中走向未来。

1. 中华文化主体性在传统与现代的贯通中一脉相承

习近平总书记指出，"中华文明的连续性，从根本上决定了中华民族必然走自己的路"，从历史连续性的视角，才能理解古代中国、现代中国以及未来中国。我们作为现实的人所存在的现实世界是"历史的产物，是世世代代活动的结果"，在不同世代依次交替的历史进程之中，人们世代相联，这种联系既体现在作为传承主体的人的生命的延续，也体现在文化的传承与发展。

中华文化主体性源自中华民族五千余年的文明历史，这一历史进程悠长久远、未曾中辍，有着浓厚的人民性和生命力，有着深刻的历史穿透力和文化感染力。从"天行健，君子以自强不息""人能弘道，非道弘人"的主体创造精神，到"地势坤，君子以厚德载物""修己以安人"的德性修养智慧；从天下为公、天下大同的社会理想，到民为邦本、为政以德的治理思想；从富民厚生、义利兼顾的经济伦理，到天人合一、万物并育的生态理念；从修齐治平、兴亡有责的家国情怀，到讲信修睦、亲仁善邻的交往之道，作为中华儿女经由悠久而丰富的生产生活实践积淀而成的天下观、社会观、道德观等的重要昭显，中华优秀传统文化中的重要元素共同塑造出中华文明突出的连续性、创新性、统一性、包容性以及和平性。中华文明的突出特性为中华文化主体性提供了原初的立场与品质，这种契合性在传统与现代的交织中一以贯之。

中国共产党带领中国人民创造出来的中国特色社会主义文化，"源自中华民族五千多年文明历史所孕育的中华优秀传统文化，熔铸于党领导人民在革命、建设、改革中创造的革命文化和社会主义先进文化，植根于中国特色社会主义伟大实践"，是中华文化主体性现代表达的集中体现。习近平总书记指出，中华文化主体性"是在创造性转化、创新性发展中华优秀传统文化，继承革命文化，发展社会主义先进文化的基础上"建立起来的。其中，中国革命文化形成于中国革命的伟大实践，寄托着中国共产党和全国各族人民对国家独立、民族解放、人民幸福的期盼与实践，是激励中国人民战胜各种暗礁险滩、由胜利走向胜利的重要精神支撑。一方面，中国革命文化以马克思主义革命理论为指导，对中华优秀传统文化加以解释和创新，是对中华优秀传统文化的承继与升华；另一方面，中国革命文化以伟大革命历程为实践基础，是社会主义先进文化的重要源头与内涵积淀。社会主义先进文化是以马克思主义为指导、以社会主义核心价值体系为引领的，面向现代化、面向世界、面向未来的，民族的、科学的、大众的社会主义文化，主要指社会主义革命和建设时期的优秀文化创造。社会主义先进文化是对中华优秀传统文化和中国革命文化的解释和再解释，是二者的深度融合和菁华荟萃，具有鲜明的时代特征。从毛泽东在《新民主主义论》中提出的"新民主主义的文化"，到新中国成立后对社会主义文化发展方向的探索；从改革开放以来中国特色社会主义文化的形成，到中国特色社会主义进入新时代文化建设开启的新征程，社会主义先进文化建设随时代发展稳步推进，形成丰硕文化成果，不断丰富着广大人民群众的精神世界。

2. 中华文化主体性在面向未来的时空场域中生生不息

在新的历史起点上，新时代新征程赋予了我们新的文化使命，我们要继续保持中华文化主体性，继续保有文化意义上的坚定自我和引领时代的强大文化力量。在此过程中，坚持中国共产党的文化领导权是首要前提。

习近平总书记指出，中华文化主体性"是中国共产党带领中国人民在中国大地上建立起来的"。中国共产党自成立之日起，就以马克思主义为指导，勇担为中国人民谋幸福、为中华民族谋复兴的初心使命，对中华文化主体性具有深刻认知。1918 年，李大钊在《东西文明根本之异点》中就指出，东洋文明和西洋文明均不足以解决世界之危机，"为救世界之危机，非有第三新文明之崛起，不足以渡此危崖。俄罗斯之文明，诚足以当媒介东西之任"，主张以马克思主义为指导，在发展"第三新文明"的道路上发展中华文明。在中国共产党带领全国各族人民探索新民主主义文化的历程中，毛泽东指出，"中华民族的新文化"是"民族的科学的大众的文化，就是人民大众反帝反封建的文化，就是新民主主义的文化"，"我们将以一个具有高度文化的民族出现于世界"。新中国成立后，中国共产党确立了"百花齐放、百家争鸣"的发展科学、繁荣文学艺术的方针。党的十一届三中全会之后，邓小平强调在建设高度物质文明的同时，要建设高度的社会主义精神文明。党的十五大报告提出中国特色社会主义文化并作出全面而深刻的阐述。党的十八大以来，习近平总书记在新时代文化建设方面的一系列新思想新观点新论断，形成了习近平文化思想，标志着我们党对中国特色社会主义文化建设规律的认识达到了新高度，表明我们党的历史自信、文化自信达到了新高度。

中国共产党领导中国人民团结奋进的历史是不断为中华文化主体性赋予新的生机与活力的历史。毛泽东指出，"工、农、商、学、兵、政、党这七个方面，党是领导一切的。党要领导工业、农业、商业、文化教育、军队和政府"。当前，世界百年未有之大变局加速演进，中华民族伟大复兴进入关键时期，战略机遇和风险挑战并存，新征程上巩固中华文化主体性面临新形势新任务，要坚持以习近平文化思想为指引，深刻领悟"两个确立"，坚决做到"两个维护"，聚焦用党的创新理论武装全党、教育人民这个首要政治任务，围绕新的文化使命，着力加强党对宣传思想文化工作的领导，不断提升国家文化软实力和中华文化影响力。

"理论—实践"之维：以"两个结合"巩固中华文化主体性

"明体达用、体用贯通"是习近平文化思想的突出特征，体现为理论与实践的紧密结合，总体来看就是以理论指导实践、以实践丰富理论。习近平总书记深入阐述了"两个结合"对于巩固文化主体性的重大意义，回答了新时代中华文明向何处去的问题，指出中华文化主体性"是通过把马克思主义基本原理同中国具体实际、同中华优秀传统文化相结合建立起来的"。在新征程上巩固中华文化主体性，坚持"两个结合"是必由之路。

1. 以"两个结合"塑造有机统一的新的文化生命体

习近平总书记指出，"结合"不是"拼盘"，不是简单的"物理反应"，而是深刻的"化学反应"，"造就了一个有机统一的新的文化生命体，让马克思主义成为中国的，中华优秀传统文化成为现代的，让经由'结合'而形成的新文化成为中国式现代化的文化形态"。在此过程中，中华文化主体性也在实践中发展出现代样态。

一方面，"两个结合"使中华优秀传统文化走向现代化，推动了中华文化主体性的现代转型。马克思主义作为先进的思想理论传入中国，以真理之光激活了中华优秀传统文化内蕴的优秀基因，引发了中华优秀传统文化的现代转型。其一，马克思主义激发了中华优秀传统文化在价值目标上的现代转型。马克思主义的根本价值目标是实现人的自由全面发展，并提出每个人的自由发展是一切人自由发展的条件，蕴含着个人发展和社会进步的内在统一性。中华优秀传统文化自古就有"天下为公""讲信修睦"的社会追求，也有"民为贵，社稷次之，君为轻"的治理思想，以及修齐治平、兴亡有责的家国情怀。在马克思主义指导之下，在二者的契合之中，中华优秀传统文化的传统价值理念获得现代升华，在与马克思主义的根本立场和价值目标的相融相通、有机结合中，造就了以人民为中心的价值追求。其二，马克思主义激发了中华优秀传统文化在精神品格上的现代转型。实践的观点是马克思主义首要的和基本的观点。习近平总书记指出，"马克思主义具有鲜明的实践品格，不仅致力于科学'解释世界'，而且致力于积极'改变世界'"。中华优秀传统文化同样主张躬行实践、求真务实，既有"为天地立心，为生民立命，为往圣继绝学，为万世开太平"的志向与抱负，又有"知行合一""天行健，君子以自强不息""好学近乎知，力行近乎仁，知耻近乎勇""修身、齐家、治国、平天下"的经世致用品格。马克思主义和中华优秀传统文化的实践性遥相呼应、和谐统一，形成了中国共产党"一切从实际出发，理论联系实际，实事求是，在实践中检验真理和发展真理"的思想路线，中华优秀传统文化的现代转型也在实事求是的实践中不断推进。其三，马克思主义激发了中华优秀传统文化在思维方式上的现代转型。在马克思主义世界观和方法论中，唯物辩证法是其核心内容，为人们认识世界和改造世界提供了根本方法，"辩证法不崇拜任何东西，按其本质来说，它是批判的和革命的"。中华优秀传统文化中同样蕴含着大量的辩证思维方法，例如，《易传》中提到的"一阴一阳之谓道""刚柔相推而生变化"，老子提出的"有无相生，难易相成""祸兮福之所倚，福兮祸之所伏"等。中华优秀传统文化中蕴含的辩证思维尽管存在一些朴素的感性直观色彩，却和马克思主义唯物辩证法内在地彼此契合，并在马克思主义指导下实现了从传统到现代的转型。

另一方面，"两个结合"使马克思主义走向中国化时代化，推动了中华文化主体性的生命更新。"一个民族要想站在科学的最高峰，就一刻也不能没有理论思维"。马克思主义是被实践证明了的科学，十月革命之后开始在中国传播。通过"两个结合"而生成的中国化时代化的马克思主义充实了马克思主义的文化生命，推动马克思主义显示出日益鲜明的中国风格与中国气派，实现了对马克思主义的中国诠释，成为中华文化的时代精华。正如毛泽东所言，新民主主义文化"是我们这个民族的，带有我们民族的特性"，"是我们今天的新文化"。毛泽东思想开马克思主义中国化之先河，把马克思主义同中华民族的特点相结合，"将马克思主义的普遍真理和中国革命的具体实践完全地恰当地统一起来"，强调科学对待马克思主义和中国历史文化。进入改革开放和社会主义现代化建设新时期，邓小平提出"把马克思主义的普遍真理同我国的具体实际结合起来，走自己的道路，建设有中国特色的社会主义"的新命题，相应地，中华优秀传统文化作为具有鲜明中国特色的文化也形成了发展的新主题。党的十八大以来，党中央高度重视中华优秀传统文化的历史传承和创新发展。习近平新时代中国特色社会主义思想作为马克思主义中国化时代化的最新成果，是"文化主体性的最有力体现"，明确提出"两个结合"是我们取得成功的最大法宝，并形成了习近平新时代中国特色社会主义思想的文化篇即习近平文化思想。

2. 以"两个结合"破解"古今中西之争"

"怎样对待本国历史？怎样对待本国传统文化？这是任何国家在实现现代化过程中都必须解决好的问题。"当前，我们比以往任何一个时代都更有条件破解"古今中西之争"，也就是如何对待古代文化与现代文化、中国文化与西方文化的关系问题，对于发展中华文化主体性具有重要意义。

一方面，坚持"守正不守旧、尊古不复古"，科学对待古今文化。中华文明能够历经五千余年历史变迁而长盛不衰，得益于中华文明革故鼎新、与时俱进的精神气质。"守正不守旧、尊古不复古"是对中华文明突出的创新性的准确把握，也是科学对待古代文化与现代文化的核心方法论。守正，守的是马克思主义在意识形态领域指导地位的根本制度，守的是"两个结合"的根本要求，守的是中国共产党的文化领导权和中华民族的文化主体性。

尊古，则有以古鉴今、承古启今之义。中华文明的创新性，绝非切断古今链接的"浮萍式"创新，而是以中华民族伟大实践、中华文明深厚积淀为基础的革新和创造。在前行路上，坚守中华民族之正气；在创新途中，不忘中华文化之根基，"守正"前行与"尊古"创新如鸟之双翼，并存不悖。

另一方面，坚持"洋为中用、辩证取舍"，科学对待中西文化。在全球文化碰撞日益强烈、世界文化生态愈加复杂的时代背景下，如何应对外来文化是巩固中华文化主体性、推动文化自信自强的重要课题。"万物并育而不相害，道并行而不相悖"，缔造不同文化主体间的互动、理解与对话是全球化时代的应有之义。换而言之，不同文化主体彼此承认、共同发展，既以"自身"文化领会"他者"文化，同时又以"他者"文化反思"自身"文化，基于对"他者"文化存在意义的认可，经由平等位置上的交流、思辨基础上的学习借鉴，进而达成"自身"文化的革新及发展。在"洋为中用、辩证取舍"中科学对待中国文化与西方文化，既要坚守中华文化主体性，也要积极主动借鉴吸收外来文化精华，汲取"他者"文化中的有益成分，不断增强中华文化发展活力。中华文化同外来文化展开对话的过程，亦是中华文化保持文化发展活力、推进文化持续繁荣的过程。但是外来文化良莠不齐、优劣俱存，对此，我们应坚持"辩证取舍、择善而从"，实现"以我为主、为我所用"。

3. 以"两个结合"探索文化创新空间

"两个结合"本身就是创新，同时又开启了广阔的理论和实践创新空间，为中华文化主体性的赓续不断提供创新动能。习近平指出，"创新，创的是新思路、新话语、新机制、新形式"。"苟日新，日日新，又日新""世异则事异，事异则备变""日新之谓盛德，生生之谓易"……中华优秀传统文化中蕴含着丰富的革新思维与创新理念，深刻内嵌于中华民族的文化基因。面对世界之变、时代之变、历史之变，我们更要赓续中华文脉，不断为发展中华文化主体性开拓创新空间，使我们在思想上和文化上不断掌握主动。

一方面，以"两个结合"不断开拓中华文化主体性的理论创新空间。习近平总书记强调，坚守好马克思主义这个魂脉、坚守好中华优秀传统文化这个根脉，是理论创新的基础和前提，理论创新也是为了更好地坚守这个根和魂。中华优秀传统文化和马克思主义内在契合、彼此成就，马克思主义激活了古老中华文明的现代因子，中华优秀传统文化则充实了马克思主义的文化生命。中华民族在浩浩荡荡的历史长河中孕育出来的中华优秀传统文化，是中华文明的智慧结晶和精华所在，具有自身的连续性和稳定性。创新绝非是对传统的否定，而是在坚守、赓续传统基础之上的革新与创造。近代以来，中国人在精神上长期处于"东方从属于西方"的被动状态。直到中国人学会了马克思列宁主义，精神上即由被动转为主动，在用中国理论总结好中国经验、阐释好中国道路的过程中，达到精神上的独立自主。"第二个结合"作为又一次的思想解放，表明我们党在传承中华优秀传统文化中推进文化创新的自觉性达到了新高度。

另一方面，以"两个结合"不断开拓中华文化主体性的实践创新空间。作为习近平新时代中国特色社会主义思想在文化领域的深化，习近平文化思想生成于新时代治国理政的伟大实践，在不断回应时代之问中，明确了新时代文化建设的路线图和任务书，既彰显着中华优秀传统文化的深厚积淀，又闪耀着马克思主义的实践品格。从推动中华文明探源工程到部署中国国家版本馆的建设，从多次召开全国宣传思想文化工作会议到以文化产业赋能乡村振兴，以习近平同志为核心的党中央高度重视文化建设，立足新时代新征程提出推动宣传思想文化工作的"七个着力"等重要指示，使中华文化主体性在应历史之变、解时代之问中更添生机活力。在新的历史起点上对中华文化主体性的坚守，需要落实到推动文化繁荣、建设文化强国各方面和全过程的实践创新之中。

"民族—世界"之维：以鲜明文化特性融入世界文明交流互鉴

中华文化主体性是中华文明"和世界其他文明交流互鉴的鲜明文化特性"。在全球化时代融入文明交流互鉴的过程中，中华文化既要保持民族性，不断增强引领力、凝聚力；又要彰显世界性，不断增强影响力、辐射力，以世界视野、时代眼光积极推动文明交流互鉴，促进人类文明进步。

1. 坚定中华文化立场，坚守中华文化主体性

中华文化具有鲜明的民族性。中华民族历经几千年历史流变而生生不息，成为世界上唯一文明绵延不断的民族，一个很重要的原因就在于一代又一代中华儿女培育了独具一格、气象博大的中华文化，是中华民族攻坚克难、生生

157

不息的强大精神支撑。新时代新征程上坚守中华文化主体性，坚定中华文化立场是应有之义。

坚定中华文化立场，关系着中华文化主体性的传承赓续。中华文化发展于中华儿女共同生活的悠远历史，呈现出鲜明的民族特色、风格和气概，是维系中华民族生存和发展的特有精神纽带。在辽阔中华大地上繁衍生息的各个民族，于长期交流交往交融的过程中，生成了你中有我、我中有你、谁也离不开谁的中华民族共同体意识，是中华民族重要的文化纽带。中华文明突出的统一性，是中华文化民族性的重要体现，"从根本上决定了中华民族各民族文化融为一体、即使遭遇重大挫折也牢固凝聚"。在中华文明形成、发展的历史进程中，中华文化主体性亦随之发展；在中华文明代代守护、薪火相传的历史过程中，中华文化主体性亦随之赓续传承。

坚定中华文化立场，关系着中华文化主体性的巩固增强。习近平高度重视文化发展过程中的主体性问题，指出文化主体性是中国共产党引领时代的强大文化力量，是中华民族和中国人民所具有的国家认同的坚实文化基础，强调"一个抛弃了或者背叛了自己历史文化的民族，不仅不可能发展起来，而且很可能上演一场历史悲剧"。中华文化主体性的发展，需要从中华优秀传统文化资源中寻找灵感和思路，无法全然脱离中华民族的文化基因和文化传统。只有毫不动摇地站稳中华民族立场、捍卫中华文脉，方可明确中华文化主体性的历史源头，方可明晰中华文化主体性的演进之路，方可在当今世界变局中使中华文化主体性站稳脚跟、得到巩固。

2. 坚持世界视野，融入文明交流互鉴

人类文明的多样性是客观存在的，世界也因文明的多样性而丰富多彩。以平等、包容为前提的不同文明之间的交流互鉴，是构建人类文明发展健康生态的必然要求，是应对当前世界种种困难挑战的重要途径，是促进世界和平发展的应有之义。中华文明的和平性"决定了中国不断追求文明交流互鉴而不搞文化霸权"。从而，中华文化主体性既表征着中华民族在文化意义上的民族性和坚定自我，又呈现出开放包容、胸怀天下的格局与胸襟。

开放包容始终是文明发展的活力来源，也是文化自信的显著标志。中华文化在传承发展历程中所彰显出来的开放包容特质，是其能够气象博大、生生不息、焕发强大生命力的因由所在。从春秋战国时期诸子百家的相互争鸣，

到隋唐时期儒释道的冲突与融合；从国际性大都会唐长安城内的中外文化交流，到宋元时期泉州港不同风俗文化的融通共存，无不体现着中华文化发展中的包容性和开放性。中华文明的包容性"从根本上决定了中华民族交往交流交融的历史取向"，"决定了中华文化对世界文明兼收并蓄的开放胸怀"。中华文化鲜明民族性和开放包容性的辩证统一，昭显着中国哲学"声一无听，物一无文""和实生物，同则不继"的深层智慧。在这里，"同"谓之"一"，意指抛却所有异质文化因素的绝对同一，而世间万物若绝对同一、全然一致，则将发展停滞、止步不前；"和"谓之"谐"，意指不同文化因素之间的和谐状态，这种二元甚至多元的对立统一状态使世间万物不断丰富发展，中华文明亦因此于悠久漫长的历史推移中始终保持活力与生机，成为中华文化主体性的源头活水。

中华文化既是历史的、也是当代的，既是民族的、也是世界的。2023 年 3 月，习近平总书记在中国共产党与世界政党高层对话会上的主旨讲话中提出的全球文明倡议，正是中华文明突出特性的鲜明呈现。在战略机遇和风险挑战并存的新时代新征程，发展中华文化主体性不仅需要坚定中华文化立场、重视文化传承与创新，还需要积极融入世界文明交流互鉴，尊重世界文明多样性，弘扬全人类共同价值，不断吸纳人类一切优秀文明成果和时代精华，既担负起新的文化使命，又加强国际人文交流合作，推动世界文明百花园姹紫嫣红、生机盎然。

结语

党的十八大以来，新时代宣传思想文化事业取得历史性成就，全党全国各族人民文化自信明显增强，而文化自信正是源于中华文化主体性。新征程上中华文化主体性"历史—现实""传统—未来""理论—实践""民族—世界"的四重维度，涵盖了时空纵横，既呈现了中华文化主体性从古老文明的独立发端到新时代新的文化使命的一脉相承性，也彰显着中华文化主体性既具民族立场又具世界视野的开放包容性，还体现出中华文化主体性在理论与实践相结合的文化空间中的创新发展性，其有机统一于中华文明生生不息的生命历程，有机统一于中国式现代化与中华文明相互融通、彼此成就的演进经历。在全面建设社会主义现代化国家新征程上，中华文化主体性代表着中华民族在文化意义上的坚定自我，既是推进文化自信自强的木本水源，又是在世界文明交流互鉴中具有鲜明文化特性的中国名片。我们应承古启今、守正创新，自信自立、胸怀天下，明体达用、体用贯通，深刻认识中华文化主体性的多维面向，在赓续中华文脉中肩负起新时代新的文化使命，在推进中华民族伟大复兴中为人类进步事业作出新的更大的贡献。

《思想理论教育导刊》（2024 年第 1 期）

党领导文化主体性建构的三个重要维度

施郑理

文化是一个动态开放的系统，会随着时代的发展和不同文明之间的交流而发生改变，有的茁壮成长，有的迷失自我，还有的中断消亡……究其原因，"任何文化要立得住、行得远，要有引领力、凝聚力、塑造力、辐射力，就必须有自己的主体性"。文化主体性是一个国家或民族在文化传承发展中所展现出的独特的价值理念和精神特质，是区别于其他国家、民族且具有鲜明文化特质和价值立场的存在状态。及时总结中国共产党百年来推进文化建设的伟大成就和历史经验，对推进新时代中国特色社会主义文化主体性、更好担负起新时代新的文化使命，具有重大现实意义和深远历史意义。

贯通"两脉"以塑建文化主体性

习近平总书记在中共中央政治局第六次集体学习时强调："马克思主义中国化时代化这个重大命题本身就决定，我们决不能抛弃马克思主义这个魂脉，决不能抛弃中华优秀传统文化这个根脉。"推进文化主体性建构首先要明白中国共产党领导的革命、建设、改革的性质是什么，唯此才能正确把握我们到底要建设什么样的文化，才能始终坚守文化建设的初心使命，不迷失文化建设"为了谁"的问题。马克思恩格斯在《共产党宣言》中明确提出："在无产阶级和资产阶级的斗争所经历的各个发展阶段上，共产党人始终代表整个运动的利益。"无论在革命、建设还是改革中，中国共产党始终是领导我们事业的核心力量，也始终是文化建设的领导者。

文化主体性建构必须以马克思主义为统领。近代中国遭遇的重重危机归根结底是文化主体性的危机。如何正确处理文化交流的"中西"关系，是近代中国必须直面的问题。以辜鸿铭等为代表的学者提倡"东方文化论"，以胡适、陈序经等为代表的学者主张"全盘西化论"，以杜亚泉等为代表的学者提出"文明调和论"等，都未能引领中华民族和中华文化实现复兴。"东方文化论"固守中华文化主体性却又拒斥现代性，企图以不加任何改变的东方文化救世，既断绝了文化发展的外在压力和挑战，又窒息了文化的生命力；"全盘西化论"试图放弃中华文化的主体性来实现文化的发展，无异于邯郸学步；"文明调和论"在文化主体性上表现得摇摆不定，对中外文化生硬取舍、勉强拼凑。此时中华文化的发展徘徊于历史的十字路口，迫切需要新思想的引领。十月革命一声炮响，给中国送来了马克思列宁主义，"马克思主义把先进的思想理论带到中国，以真理之光激活了中华文明的基因，引领中国走进现代世界，推动了中华文明的生命更新和现代转型"。近代中国的文化建设从此找到正确方向——发扬民族文化的主体性精神、综合中西文化之长、创造新的中华文化。因此，无论在任何时候我们决不能抛弃马克思主义这个魂脉。

文化主体性建构必须坚持以中华优秀传统文化为基底。文化主体性是一个民族、一个国家的文化自觉，也是长期积淀的文化自信的彰显。《中共中央关于党的百年奋斗重大成就和历史经验的决议》指出，马克思主义理论"必须中国化才能落地生根、本土化才能深入人心"。党领导的文化主体性建构，既要自觉接受马克思主义对整个理论思想体系的统摄、引领、指导，坚持推进马克思主义中国化时代化；也要传承中华优秀传统文化这个根脉，坚持把马克思主义基本原理同中华优秀传统文化相结合。毋庸讳言，中国特色社会主义文化主体性不是凭空出现的，而是建立在创造性转化和创新性发展中华优秀传统文化的基础上，建立在继承革命文化、发展社会主义先进文化的基础上，建立在借鉴吸收人类一切优秀文明成果的基础上。中华优秀传统文化是中华民族的文化基因，蕴含丰富的思想智慧，源远流长、博大精深，其所塑造的中华文明具有突出的连续性、创新性、统一性、包容性、和平性，为文化主体性建构提供了丰盈的思想素材。没有中华五千年文明，就无法凸显社会主义文化建设的中国特色，不汲取中华优秀传统文化，就没有坚实的文化根基。这些文化基因植根在中国人内心、渗透到中国人骨髓，潜移默化地影响着中国人的思想方式和行为方式，是中华民族的文化"根脉"，也是新时代中国特色社会主义文化主体性建构最为深厚的文化底蕴。

文化主体性建构必须在"两个结合"中贯通"两脉"。

要牢牢把握新时代中国特色社会主义文化的本体、本质、规律、原理，不断推进马克思主义中国化时代化和中华优秀传统文化创造性转化、创新性发展，不断丰富和发展文化主体性。1940 年，毛泽东在《新民主主义论》中运用马克思主义的立场观点方法对近代中国的文化争论做了科学总结，明确提出了新民主主义文化的性质，主张"中国应该大量吸收外国的进步文化"，以及"清理古代文化的发展过程，剔除其封建性的糟粕，吸收其民主性的精华"，这就为中华文化主体性建构指明了前进方向。习近平总书记也强调："文化自信就来自我们的文化主体性。这一主体性是中国共产党带领中国人民在中国大地上建立起来的；是在创造性转化、创新性发展中华优秀传统文化，继承革命文化，发展社会主义先进文化的基础上，借鉴吸收人类一切优秀文明成果的基础上建立起来的；是通过把马克思主义基本原理同中国具体实际、同中华优秀传统文化相结合建立起来的。"新时代中国特色社会主义文化主体性建构，必须贯通根脉与魂脉，既不能完全死抱着传统文化不放，也不能教条主义地看待马克思主义，而是要不断推动马克思主义中国化时代化，与时俱进推进中华优秀传统文化创造性转化和创新性发展。

在批判错误思潮中维护文化主体性

在近代中国思想文化舞台上，在相当长的一段时期，反传统的西化思潮、固守传统的文化保守主义和主张苏俄化的马克思主义思潮这三大思潮相互交锋、异常活跃。经过长期的错综复杂的思想斗争，马克思主义最终以真理的力量战胜各种思潮成为中国先进知识分子的信仰和选择。但前两种思潮并未销声匿迹，而是在不同时代以不同的样态出现。显然，时下的文化虚无主义、文化霸权主义、文化保守主义等依然与之有着千丝万缕的关联，我们必须持之以恒、敢于善于同各种错误思潮作斗争。

对文化虚无主义消解文化主体性的言行勇于"亮剑"。文化虚无主义与西化思潮遥相呼应，对民族文化、历史遗产往往采用蔑视、虚无的态度，旨在否定中华文化和社会主义文化的主体性，是一种彻头彻尾且危害极为隐蔽的错误思潮。20世纪30年代，"全盘西化论"的代表陈序经曾宣称，"今后中国文化的出路，唯有努力去跑彻底西化的途径"，胡适则提出中国文化西化的具体方案应当仿照"美国模式"。对西方文化的全面肯定和对中华文化的全面否定极大程度上消解了国人的文化自信。对此，李大钊、毛泽东、艾思奇等马克思主义文化旗手纷纷"亮剑"。李大钊以马克思主义唯物史观为武器,对当时社会上流行的中不如西、古不如今等文化虚无主义思潮进行批驳,倡导辩证分析对待文化的古今中西等问题。艾思奇认为民族文化虚无主义实质上是一种主观唯心主义、庸俗进化论的论调。特别是毛泽东深刻揭示文化虚无主义否定物质性、人民性、辩证性的唯心主义和形而上学本质,提出"一定的文化是一定社会的政治和经济在观念形态上的反映""民众就是革命文化的无限丰富的源泉""古为今用""洋为中用"等辩证唯物主义文化思想,对文化虚无主义进行了彻底的批判,为推动民族的、科学的、大众的马克思主义文化观深入人心作出了卓绝贡献。

对极端文化保守主义窒息文化主体性的言论善于辨析。1840 年鸦片战争之后,西方资本主义列强对中国进行经济、政治和文化侵略,全面挑战中华文化的主体性。仍然停留在封建时代的中华文化遭受西方资本主义文化的冲击,中华优秀传统文化如同在脏水中洗澡的孩子,面临同"脏水"一起被抛弃的风险。由此,维护传统文化和批判西方文化——面对西方文化而重估中华文化的价值,面对全球性现代化进程而重估中华传统文化的价值,成为中国近代文化保守主义者的价值取向。文化保守主义内部分化出两种价值选择：一种是温和的文化保守主义，并不盲目对全部传统文化抱残守缺，而是选择性地进行维护和弘扬，在文化传承、交流、交锋中进一步塑建文化主体性；另一种是较为极端的文化保守主义，如"研究国学、保存国粹"的"国粹派"、大搞孔教运动的"孔教派"、反对新文化运动的"东方文化派"和"学衡派"……显然，我们要警惕和批判的主要是第二种极端的文化保守主义。时下这种文化保守主义仍然暗流涌动，有的看似是传统文化的重光，实际却是肤浅的标新立异，甚至有的妄图消弭马克思主义在意识形态领域的指导地位。这种潮流没有顺应时代的新进步新进展对传统文化的内涵加以补充拓展和完善，也不能对世界文明中的优秀因素借鉴吸收，窒息了本民族文化的生命力，最终从根本上葬送中华文化主体性。

对文化帝国主义无视非西方文化主体性的言行敢于斗争。美西方国家的文化帝国主义就是要维护和确保自身在世界事务之中的"中心地位"，维持东方"屈从于"或者至少依附于西方的状态，维护西方人在文化和心灵上的优越感。它通过系统地对非西方文化民族国家人民的文化生活渗透和控制，以达到重塑被压迫人民的价值观、行为准则、社会制度，使之服从帝国主义的目的。具体来说，美西方国家在经济上为其文化商品攫取市场，在政治上改造大众意识来建立霸权，在文化领域一方面通过大众媒介、新闻报道、文化消费等兜售其价值观念，让民众麻痹和丧失传统信念；另一方面蔑视他国的文化主体性，鼓吹"普世价值"，将资本主义的全球扩张视为世界历史的普遍本质，将资本主义的"普遍性"极端化为某种"历史必然性"与"普世性"，所有民族国家均不能摆脱，从而达到消解其他民族国家文化主体性的目的。对此，中国共产党在领导文化主体性建设中历来敢于斗争和善于斗争，无论是20世纪20年代反对帝国主义利用基督教进行文化侵蚀的"非基运动"、毛泽东关于"帝国主义和一切反动派都是纸老虎"的战略藐视、邓小平在联大霸气的反美帝霸权讲话，还是习近平总书记"不信邪、不怕鬼、不怕压"的斗争精神……无不展现坚决粉碎一切帝国主义及其文化侵蚀的决心和气魄。

"守正创新"不断发展文化主体性

守正创新是党领导文化主体性构建的根本方法。习近平总书记指出："对文化建设来说，守正才能不迷失自我、不迷失方向，创新才能把握时代、引领时代。"新时代中国特色社会主义文化主体性将在"守正"与"创新"的有机统一发展中愈发坚如磐石。

需要秉持守正创新的中国智慧。习近平总书记在纪念中国人民志愿军抗美援朝出国作战 70 周年大会上的讲话中指出："无论时代如何发展，我们都要激发守正创新、奋勇向前的民族智慧。"中华文化经典中不乏守正创新的智慧，比如，"居中守正，行以致远""周虽旧邦，其命维新""持经达变，守中致和""革，去故也。鼎，取新也""守正笃实，久久为功"等，无不彰显着中华民族守正创新的基因和传统。可以说，中华优秀传统文化是马克思主义守正创新深厚的文化底蕴。"经"与"权"这对传统思想文化范畴，特别是儒家思想中所蕴含的"守经"与"权变"思想，能够为马克思主义中国化时代化提供思想借鉴，也能为新时代中华文化主体性建构提供方法论指导。经者，常也；权者，变也。"经"是永恒不变的原理原则，"权"是帮助执行原则的变通手段。中华优秀传统文化倡导"守经"与"权变"的统一，要求新时代文化主体性建构必须坚持辩证原则，充分运用中华民族的生存智慧，明确守正是创新的基础和根本，创新是守正的保障和发展。新时代发展文化主体性，一方面要做到"守经"，不能借时代变迁否定马克思主义基本原理的真理性和马克思主义在意识形态领域的指导地位，也不能抛弃中华优秀传统文化的基本精神；另一方面要体现"权变"，根据时代的进步和变化与时俱进发展马克思主义，推动中华优秀传统文化的创造性转化、创新性发展。只有把两者辩证统一起来，才能从根本上构建起中华文化主体性。

需要展现守正创新的使命担当。守正创新强调马克思主义的主体性原则和革命性本质。守正是创新的前提和基础，遵循规律认识和改造事物，才能使事物在正道上实现新发展。创新是守正的目的和路径，只有揭示新的历史条件下事物发展的规律性，以新认识指导新实践，才能把事物推向新的发展阶段。中华文明是世界上唯一绵延不断且以国家形态发展至今的伟大文明，充分证明其具有自我发展、回应挑战、开创新局的文化主体性与旺盛生命力。在漫长的历史长河中，中国曾经长期处于人类文明的中心，在思想文化、社会制度、经济发展、科学技术等许多方面都居于世界领先地位，并对人类文明发展进步影响深远；虽然也曾出现过阻碍进步的消极主张，也曾经历过历史低潮和剧烈阵痛时期，但中华民族总能以强大的自我更新能力，迸发出求存求强、创新奋进的强大力量，一次又一次战胜各种挑战而焕发新生、继续前进。因此，新时代发展文化主体性离不开坚持守正创新的传统，赓续历史文脉、谱写当代华章，更离不开守正创新的正气和锐气。

需要释放守正创新的强大动能。守正创新揭示了事物发展的根本途径。马克思主义认为，事物发展的实质是新事物代替旧事物，事物经过否定发生质变发展为新事物，这个"否定"不是简单的抛弃，而是内在包含守正的意涵，是新事物对旧事物的扬弃。"守正"必须坚守马克思主义在意识形态领域指导地位的根本制度，强化制度意识、确立制度权威、抓好制度执行，把这一根本制度体现到坚持正确的政治方向、舆论导向、价值取向上，落实到工作理念、思路、举措上，为强国建设、民族复兴提供坚强思想保证和强大精神力量；要坚守"两个结合"的根本要求，勇于进行理论探索和创新，以全新的视野深化对共产党执政规律、社会主义建设规律、人类社会发展规律的认识；尤其要坚守中国共产党的文化领导权和中华民族的文化主体性，从政治和战略全局的高度坚持党管宣传、党管意识形态、党管媒体，牢牢掌握宣传思想文化工作的领导权、管理权、话语权。"创新"就是要通过对现存事物的辩证否定去推动新事物的生成，创造"新思路、新话语、新机制、新形式"。

总之，只有将中华优秀传统文化中的概念、范畴置于马克思主义哲学视域中，对其内涵和外延进行马克思主义的理论改造，把马克思主义的立场观点方法用中国式的概括和民族化的表述生动地表达和诠释出来，才能有效把马克思主义思想精髓同中华优秀传统文化精华贯通起来、把新时代中国特色社会主义的文化主体性真正展现出来。

《思想政治工作研究》（2024 年第 5 期）

文化主体性的内在逻辑和培育之道

王永贵　戴　惠

习近平在文化传承发展座谈会上提出了"文化主体性"的重要论断。这一重要论断，标注着中国共产党关于文化自信和对文化建设规律性认识达到了新高度。文化是人类社会在一定时空下创造出来的具有历史性、代表性、进步性的思维方式、价值观念、行为规范等精神活动的总和。主体性是有关自我身份的确立、认知、认同的重要哲学范畴。当前视域下的文化主体性是指新时代文化的主体性，是新时代文化意义上的自我认知与展现表达，具有特色鲜明的思想特质和价值标识。文化主体性是习近平文化思想的重大命题和重要观点，习近平文化思

★ ★ ★

想的创立则是文化主体性的有力体现。深刻理解文化主体性科学内涵的辩证逻辑和鲜明特质，全面把握文化主体性的价值旨趣，进而探讨塑造和巩固文化主体性的恰切之道，对深刻认识习近平文化思想的当代价值，更好地担负起新时代新的文化使命，建设文化强国具有重要意义。

全面把握文化主体性内涵的辩证逻辑

"一个民族的复兴需要强大的物质力量，也需要强大的精神力量。"文化主体性是文化主体的自我认知、文化独立以及文化心态等重要表现，关涉一个民族独立自主的精神基础，是国家繁荣发展的文化根本。全面把握文化主体性首先要从文化主体性内涵进行审视，其内涵集中体现在建构基础和精髓内核两个层面，同时应注意把握与这一概念命题相关的范畴，即文化的建设方法和外显表达。因此，把握文化主体性的深刻内涵需要从文化建构逻辑的主体性、文化内核的主体性、文化建设方法的主体性、文化表达的主体性等方面进行分析。

1. 文化建构逻辑的主体性：党性与人民性的辩证统一

文化建构逻辑的主体性是指文化是由谁来创造、由谁来发展、最终服务于谁的问题。文化建构的主体就是党领导的人民，坚持党的领导有助于确立文化发展的根本属性和正确方向，坚持人民性有利于提升广大人民群众在文化建设中的参与积极性和创作热情。因此，文化建构逻辑主体性的最本质体现就是坚持党性和人民性的辩证统一。

从本质上讲，文化建设是意识形态领域的重要工作，是一项极端重要的政治工作，坚持党性是根本原则。马克思曾用"党派性"来揭示报刊的阶级性，这是"党派性"首次作为政治话语出现在文化领域。列宁在《党的组织和党的出版物》中指出："社会主义无产阶级应当提出党的出版物的原则，发展这个原则，并且尽可能以完备和完整的形式实现这个原则。"列宁首次提出坚持党的领导是社会主义文化发展的必然要求。党性原则在当前文化建设中同样居于首位。习近平对宣传思想文化工作提出的"七个着力"重大要求，首位就是"着力加强党对宣传思想文化工作的领导"。在文化领域坚持党的领导是新形势下巩固文化主体性建设的根本遵循。

文化视域下的人民性主要体现在两个方面：首先，文化由人民创造。人民是推动历史发展的主体，也是文化发展的主创。中华优秀传统文化的精髓就在于其数千年的发展历史及其内在逻辑中，始终坚持将人民作为创造的主体，这使得中华文明延续至今。这一稳定性与连续性的人民主体性，彰显了中华民族的内在一致性与统一性。其次，文化服务于人民。党的二十大报告指出："一切脱离人民的理论都是苍白无力的，一切不为人民造福的理论都是没有生命力的。"社会主义文化是为了更好地适应人民日益增长的精神文明需求，不是脱离实际的抽象理论而是深植于人民沃土，结合具体现实的呈现。在新时代文化强国建设征程中，以人民的需求为己任，以人民的视角判断形势、应对挑战、处理问题，体现了深深植根于习近平文化思想中的人民属性和浓厚的人民情怀。党性与人民性的辩证统一正是文化主体性的深沉底色。

2. 文化内核的主体性："根脉"与"魂脉"的辩证统一

文化内核的主体性是指文化的内在根本是什么，什么是新时代的中华文化。理解文化内核的主体性就是要把握好"根脉"和"魂脉"的辩证统一。做好"第二个结合"，让马克思主义"魂脉"和中华优秀传统文化"根脉"有机结合、互相成就，造就新的文化生命体，充分彰显文化主体性。

就"根脉"和"魂脉"百余年来形成的历史联结而言，两者相互影响、同向而行。首先，马克思主义是中国共产党立党立国、兴党强国的根本指导思想。毛泽东曾指出："自从中国人学会了马克思列宁主义以后，中国人在精神上就由被动转入主动。"在中国土地上的历史和实践已经充分证明了马克思主义所具备的科学性和真理性，它是决不能抛弃并必须坚守的"魂脉"。马克思主义指导中国实践的具体过程，同时也是马克思主义本身创新与发展的过程，而其创新与发展的语境就是中国国情与本土文化。通过"第二个结合"，在更广阔的文化空间中，把中华优秀传统文化融入马克思主义中国化的创造性发展之中，使马克思主义更多呈现中国特色，彰显时代特色，展现真理力量。

文化主体性根植于对自身文化传统的认可与自信。中华文明有着几千年的历史，传承至今，每个历史时期的形态随着时间的更迭不断变化，但大浪淘沙去伪存真，其精髓和清晰的内核就是中华优秀传统文化。通过"第二个结合"，用马克思主义的世界观和方法论赋予中华文明新的时代内涵，用马克思主义的立场、观点、方法来激活传统文化中富有生命力的优秀因子和元素，让传统文化在与马克

思主义的结合过程中完成现代化的转型。因此，"根脉"与
"魂脉"的辩证统一也是两者的互相成就，文化内核的主体
性也在结合中得到了最为集中的体现。

3. 文化建设方法的主体性：明体达用和体用贯通的辩证统一

文化建设方法是指在新时代文化建设中所采用的方法
和手段，"明体达用、体用贯通"就是其最核心的概括。"明
体达用、体用贯通"体现了中华传统哲学智慧和思想精髓，
在文化的语境下，"体"指本体、科学的思想理论，"用"
是指实践。概言之，"明体达用、体用贯通"既有宏观层面
的认识论，也有中微观层面的方法论；既要有科学理论为
指引，也有实践路径为载体，是文化主体性在方法层面理
论性与实践性辩证统一内涵的深刻揭示。

文化主体性首先是理论方面的重大创新与突破，加深
了对文化建构规律的理解，这就是"明体"，也就是对文化
和文明的基本内涵、历史依据和建设原则有了清晰的了解。
例如，习近平文化思想深刻把握了中华文明具有连续性、
创新性、统一性、包容性、和平性等鲜明特征，并提出"两
个结合"的必然要求，指明了"坚定文化自信，秉持开放
包容，坚持守正创新"的文化建设基本遵循。这些重要的

新思想、新观点、新论断内涵丰富，论述深刻，思想深邃，构成文化建设理论层面的四梁八柱，破解了文化建设上的"古今中西之争"，是新时代文化建设巩固文化主体性的根本遵循。

马克思指出："不是从观念出发来解释实践，而是从物质实践出发来解释各种观念形态"。注重实践性是文化主体性的内在要求之一，习近平文化思想既体现了文化建设的总体部署要求，也饱含着实践上的行动指南，这便是"达用"。例如，党的二十大报告从五个方面重点部署了新时代文化建设工作，习近平总书记在 2023 年 6 月文化传承发展座谈会上提出了"十四个强调"，同年 10 月又提出了"七个着力"的重大要求，科学回答了新时代文化建设的一系列具体实践问题。从实践操作层面的方法论来看，面对在新的历史起点上推动社会主义文化繁荣兴盛、建设文化强国这一文化使命，习近平文化思想给予了切实可行的实践路径。总而言之，"明体达用、体用贯通"，深刻展现了辩证统一的认识论与方法论，在指明方向、明确任务的同时又注重凝聚合力、提供战略路径，从方法论的层面对文化主体性进行了全面而深刻的诠释。

4. 文化表达的主体性：中国话语和中国叙事体系的辩证统一

文化表达的主体性是指文化的外在彰显和宣传方式上主体性的具体表现，即中国话语和中国叙事体系。向世界展现中华文化的独特风采与魅力，在平等对话交流中体认"他者"的文化价值，在"和而不同"的交往理性中寻求共识，从而增强文化自信，是文化主体性的追求。表达、话语、叙事的背后逻辑是认知体系，哲学社会科学的特色和风格是一个国家和民族文化软实力的重要表征，也是文化自信的重要支撑。习近平总书记指出："在指导思想、学科体系、学术体系、话语体系等方面充分体现中国特色、中国风格、中国气派"，着力打造具有中国特色的哲学社会科学，牢牢掌握学术话语权和主导权。这是确立文化主体性的内在要求，也是确立文化主体性的重要途径。构建中国特色哲学社会科学学科体系、学术体系需要立足中国国情、借鉴优秀经验，挖掘历史渊源、把握时代脉搏，其中中国自主知识体系的建立、学科分类与设置、学科发展目标架构等是重要的支撑和基础。

构建中国话语和中国叙事体系，就是用中国理论阐述中国实践，用中国实践升华中国理论。话语体系和叙事体系的构建既是一个循序渐进、守正创新的过程，也是一个融通中外、连缀古今的系统工程。中国话语和中国叙事体系的构建是在把握话语体系一般性发展规律的基础上，根植于中华文明深厚基础，不断增强和彰显中国特色，顺应把握当代、融通中外、面向未来的时代要求，在"不忘本"中"说新话"，打造中国自己的新概念、新范畴、新表述，通过不断具象化、国际化、大众化的表达，向人民、向世界讲好中国故事、传播好中国声音，在世界的舞台上展现可信、可敬、可爱的中国、中国人民和中国共产党。这就是在全面推进中国式现代化进程中展现文化主体性最好的诠释与表达。

深刻领会文化主体性价值旨趣的多维视角

习近平文化思想深刻阐明了巩固和塑造文化主体性的历史必然和现实价值取向，表明了党的文化自信达到了新高度，突出表现为国家、民族、人民、政党等主体在文化层面的内在关联性，即巩固文化主体性最终的价值旨归是国家富强、民族复兴、人民幸福，而前提是中国共产党执政根基的更加稳固。因此，全面把握文化主体性的价值旨趣需要从国家、民族、人民以及政党四个角度进行全面审视。文化主体性为增强国家认同、坚定民族文化自信、满足人民需要、夯实党的执政根基提供文化条件，注入强劲的文化力量。

1. 国家视角：为增强国家认同奠定坚实文化基础

国家认同是国家稳定发展至关重要的政治基础，是全体民众实现公民身份确认和情感依赖的主要途径。文化主体性为增强国家认同提供了坚实的文化基础。文化主体性的塑造就是凝聚社会共识，确立价值认同最大公约数的过程。"文化安全是国家安全的重要保障。"一个政权的崩溃，通常都是由意识形态危机引发的，政治上的动荡、政权上的变化可以突然发生，但是意识形态的演变却是一个漫长的过程。文化主体性的确立能够让人民深刻认同国家的历史、现状和发展理念，将民众通过文化认同、国家认同连接在一起，成为一个共享意识形态、文化思想和价值理念的命运共同体，给国家的凝聚力和生命力注入强劲的文化因子。因此，注重构筑自身的文化主体性尤为重要，只有有了文化主体性，有了精神上的独立自主，社会才不会因价值与行为等方面的某些不一致而互相损耗和消解。党和人民的意志与目标指向一致，全体民众在党的带领下，在共同的精神指引下凝聚力量和智慧，形成社会合力，从而达到马克思所谓的"美的规律"。

文化对发展新质生产力具有促进作用，文化主体性能催生磅礴的文化力量。当一个民族建成了自身的文化主体性之后，就会产生一种与之相适应的向心力。不管民族的组成有多复杂，文化主体性都会产生一种文化磁场，这种磁场具有很强的生命力和凝聚力，它会让人民对自己的民族和国家形成很高的文化认同与价值认同，这些文化认同与价值认同传递给各个地区和群体，牢固地建立起人民的共同体意识，激发出更加强大的思想和文化动力，并把这股精神力量外化为行动和实践，把人民的思想和行为都集中到国家发展和民族复兴的伟大征程中。因此，在意识形态深刻变革的复杂形势下，巩固文化主体性尤为重要，让人民对党和国家的价值取向与文化建设方略给予高度评价和认同，提高国家文化软实力，增强国家认同，助推社会主义现代化建设。

2.民族视角：为坚定文化自信提供根本依托

"有了文化主体性，就有了文化意义上坚定的自我，文化自信就有了根本依托"。可见，文化自信源自文化主体性而存在。"文化自信，是更基础、更广泛、更深厚的自信。"从某种意义上讲，文化是理论思维的一种表现形式，是社会实践的思想先导并指引着实践的发展方向。文化主体性就是这个民族区别于其他的、独立的、系统的理论思维的整体概括和集中体现，是在意识形态维度上对思维认知、行为方式等进行的深刻总结和高度凝练，同时也是在现实环境下指引民众不断开展实践创新，提供解决实际问题的科学方法，是推进时代发展和进步的重要思想武器。文化自信就是建立在文化主体性的基础之上对本民族自身理论思维、思想价值体系的认可和肯定。只有确立了文化主体性，文化才能立得住、行得远，才能坚定民族的文化自信，从而铸牢中华民族共同体意识。

文化主体性是彰显文化自信的精神力量。中华文明具有和而不同、刚柔并济、仁者爱人、天下为公等多种文化精神，具有应挑战，开新局的强大的生命力，这种蓬勃的生命力也是文化主体性的活力源泉。文化主体性的形成根植于深刻的文化积淀和思想传承，是深植于中华民族血脉之中的内在价值同构和理想契合，是中华民族思想意识中代代相传的精神谱系和力量之源，是中华文明能够贯穿过去、当下与未来，不断走向繁荣兴盛的重要原因，是增强文化自信和建设文化强国的先决条件。由文化主体性所派生出来的深厚民族感情，是一个民族在经历了无数艰难险阻之后仍能复兴发展的精神支柱，是形成文化自信的人心基础。因此，文化主体性是赓续文脉、凝聚共识、铸牢中华民族共同体意识的思想基础，是坚守民族自身文化根脉、坚定文化自信的根本依托。

3. 人民视角：为满足人民日益增长的美好生活需要提供有利文化条件

文化的实质在于"人化"，是对人进行培养和改造的过程。从人民的视角看，文化主体性为人民需要的满足奠定了重要文化基础。"人民作为历史的创造者，不仅是物质财富的创造者，也是精神财富的创造者。"文化主体性的确立，是由人民来决定的。毛泽东在延安文艺座谈会上强调指出："在我们，文艺不是为上述种种人，而是为人民的。"正是中国人民继承和弘扬了中华优秀传统文化，从而感受到了中华文明的博大精深和强大的引领力、凝聚力。人民对中华文明的认可和热爱是确立文化主体性的群众基础与重要影响因素。同时，伴随社会发展和社会主要矛盾的深刻转变，人民不断增长的物质文化需求成为文化发展和文化主体性建设的推动力量。只有把文化主体性建立起来，在文化繁荣发展中站稳人民立场，始终把"文化为人民"的价值取向放在首位，才能让人民得到更多、更健康的精神文化产品，从而更好地满足人民的精神文化需求，促进整个社会精神文明的进步。

巩固文化主体性能够全面促进广大人民群众创新性的生活实践。文化归根结底是物质生产实践的结果，是人的本质对象化活动的集合。党的十八大以来，以习近平同志为核心的党中央坚持人民至上的执政理念，人民群众在党的领导下接续奋斗，在全面建成小康社会中不断推进共同富裕，脱贫攻坚战取得了全面胜利，并以中国式现代化全面推进强国建设、民族复兴伟业，这些都极大地调动了亿万人民的积极性和自豪感，形成了一股强有力的推动力量，为新时代文化理论创新和实践发展积累了丰富经验。与此同时，巩固文化主体性又进一步调动了人民群众进行文化创造的积极性和主动性。人民在实践生活中创造出来的精神财富和文化作品对文化主体性的确立与巩固起到了巨大的促进作用。人们在社会生活的实践中所形成的精神文化成果也为文化主体性奠定了坚实基础，使得文化主体性具有了广泛而深刻的群众基础和持久的精神力量。

4. 政党视角：为夯实党的执政根基注入文化力量

文化是一个政党在意识形态和价值取向上的一面旗帜。以"两个结合"为核心理念而构筑的文化主体性，既是经济基础和上层建筑共同发展的黏合剂，也是夯实中国共产党执政根基的重要推动力量。在历史的维度上，中国共产党始终是中国构筑和巩固文化主体性的领导者。中国共产党历来十分注重文化建设，在百余年的奋斗进程中，始终坚持马克思主义在意识形态领域的指导地位，致力于建设社会主义先进文化，在对中国特色社会主义文化的不懈探索中塑造文化主体性。1949 年，毛泽东在《六评白皮书》一文中指出："伟大的胜利的中国人民解放战争和人民大革命，已经复兴了并正在复兴着伟大的中国人民的文化。"从某种程度上讲，中国共产党用革命文化、社会主义先进文化、中华优秀传统文化培根铸魂，将党的方针政策与人民的热切愿望相统一，把党的主张深深植根于人民之中，转化为人民的思想与行动自觉，进而实现了共同的目标和任务，取得了一系列令世界瞩目的辉煌成就，同时也持续铸就了文化主体性。

加强党的全面领导，是新时代宣传思想文化工作的政治保证。巩固文化主体性就是把党长期积淀的价值观念转化为人民的普遍认同，是夯实党的执政根基的重要举措。一个政党对本国文化的态度，是衡量其是否尊重本国文化传统，是否真正履行对民众的承诺、承担的责任和义务的重要标准，关系到一个政党的执政基础是否牢固。中国共产党人在道路、理论、制度自信的基础上增加了文化自信，在根本性的结构变革中铸就了"四个自信"，使之形成了一个结构完整、相辅相成的有机体，是以习近平同志为核心的党中央治国理政的重要理论创新。中国共产党始终坚持独立自主，始终坚持推动中华优秀传统文化的繁荣与发展，牢牢掌握意识形态和文化建设的领导权、管理权与话语权，在中华民族伟大复兴进程中不断释放文化力量。巩固文化主体性体现了中国共产党对文化事业的不懈追求，赢得了广大人民的认同、支持与拥护，这是夯实党执政基础的重要保证。

新时代培育和巩固文化主体性的恰切之道

"任何文化要立得住、行得远，要有引领力、凝聚力、塑造力、辐射力，就必须有自己的主体性。"培育和巩固文化主体性，是时代赋予的新的文化使命。在强国建设和民族复兴伟业深入推进的关键时期，深刻把握和领会习近平文化思想，巩固文化主体性，推动新时代文化繁荣，建设文化强国，就必须坚持自信自立的历史主动精神，敢于对实践的新要求、新课题和新任务作出积极主动的反应，其核心就是明确"四个坚持"、增强"四力"，即坚持党的领导，强化文化引领力；坚持"两个结合"，筑牢文化凝聚力；坚持守正创新，增进文化塑造力；坚持开放包容，提升文化辐射力。

1. 坚持党的领导，强化文化引领力

坚持党的文化领导权，是事关党和国家长远发展的大事，是深刻总结历史经验、洞察时代发展得出的最重要的规律性认识。培育和巩固文化主体性的首要问题就是解决举什么旗、走什么路的问题，必须做到的就是坚持马克思主义在意识形态领域的指导地位，坚持中国共产党的全面领导。

守好"魂脉"是巩固文化主体性的必然选择。马克思主义是人民的理论，必须坚守好马克思主义这个魂脉，这是文化主体性存在的基础和前提。"魂脉"揭示了马克思主义是立党立国、兴党兴国的指导思想，是增强信仰信念、把握历史主动的重要保证。坚持马克思主义的科学指导，需要通过法律法规、政策规章等刚性约束，把坚持马克思主义在意识形态领域指导地位这一重要原则真正地落实到文化主体性内涵建设的各个领域和各个方面，指明各项具体文化工作的重点和目标，并在宣传思想文化工作的落实、文艺作品的审核、社会舆论的引领、社会价值观的培育等诸多具体工作中确保马克思主义指导地位贯穿到"中国之治"的方方面面，赋予这一科学理论愈加鲜明的中国特色。

中国共产党在文化主体性建设中起着主导性的作用。马克思、恩格斯曾指出："在实践方面，共产党人是各国工人政党中最坚决的、始终起推动作用的部分"。巩固文化主体性与党的全面领导分不开，党牢牢掌握对文化建设的领导权，把方向、管大局、定战略，并加强对社会主义意识形态的培育和引导，严格执行意识形态工作责任制，加强文化产业与文化事业的协调发展，让文艺工作深入基层、深入群众，指导哲学社会科学坚持把论文写在祖国的大地上。各级文化部门、宣传部门承担重要使命，强化责任落实，确保意识形态各领域阵地始终牢牢掌握在党的手中。只有坚持党对文化工作的全面领导，才能保证新时代文化发展的方向正确，保障文化安全，实现文化主体性。

2. 坚持"两个结合"，筑牢文化凝聚力

从马克思主义哲学的基本观点看，继承性是社会意识相对独立性的重要体现，而文化作为社会意识的载体和表现形式，其主体性的建立也必然呈现出继承性的规律和要求。"努力实现传统文化的创造性转化、创新性发展""把

马克思主义基本原理同中国具体实际相结合、同中华优秀传统文化相结合"，是习近平总书记提出的构筑"新的文化生命体"这一战略资源的科学方法论，与"取其精华、去其糟粕""批判继承、古为今用"等世代相承，又结合新的时代特点作出了新的概括，其中构筑中国价值、中国精神是其核心要求。

构筑中国价值，最重要的就是社会主义核心价值观的培育与广泛践行。"国无德不兴，人无德不立。"价值观是凝聚人心、稳定社会的基本动力，它是一个社会对是非判断的重要依据，是文化主体性在社会层面上的外显表达。当前，国际形势变乱交织，百年变局加速演进，意识形态工作面临着前所未有的复杂局面。一方面，要加大思想道德建设，弘扬中华传统美德，倡导社会主义道德，并将其具体化、规范化和逐步制度化，为国家发展、民族复兴提供不竭的道德滋养。另一方面，要在精神文明制度建设、党的创新理论武装、文化产品创作等方面积极发挥社会主义核心价值观的引导作用，尤其注重用有温度、有思想、有力量的优秀文创作品激发民众广泛的共鸣，将社会主义核心价值观转化为人民的情感认同和行为准则。

中国精神作为中华文化的立身之本，是坚定文化自信的根本保证，也是构建文化主体性的另一重要维度。其中以伟大建党精神为源头的精神谱系、以爱国主义为核心的民族精神和以改革创新为核心的时代精神为核心和根本。伟大建党精神植根于马克思主义中国化时代化的伟大实践中，是中国共产党人最深层精神追求的凝结，是中国共产党特有的精神标识。民族精神是一个民族最宝贵、最持久的精神财富，是实现民族复兴的强大精神支柱，必须深入实施爱国主义教育法，厚植爱国主义情怀，把"我爱中华"铭刻在每一个中国人的心灵深处。时代精神是中国式现代化进程中伴随时代发展趋势最敏锐的反映和表达，是社会主义现代化建设的最强推动力。面向未来，需大力弘扬伟大建党精神、民族精神、时代精神，让中国精神更好地催人奋进、跨越时空、散发永恒魅力。

3. 坚持守正创新，增进文化塑造力

守正创新是蕴含于习近平文化思想的重要理念和原则。培育和建设好文化主体性，秉承的根本方法论正是守正创新。所谓"守正"，根本在于守好马克思主义指导思想以及党的文化领导权之正；所谓"创新"，就是坚持在"守正"中做好文化制度建设、体制机制改革创新和方法手段的创新，从而为文化主体性的建设提供制度保障，推动文化繁

荣发展。

制度建设是一种全局性、稳定性和长期性的社会治理手段。文化主体性的建立需要有力的制度支撑和可靠的制度保障。党的十八大以来，中国共产党深刻总结文化建设规律，将行之有效的文化建设经验规范化、制度化，相继出台《党委（党组）意识形态工作责任制实施办法》《中国共产党宣传工作条例》等文件，为意识形态领域的建设和发展提供了基础性制度保障。应进一步突出中国文化制度的优势和特色，以构建马克思主义在意识形态领域指导地位的根本制度为统领，强化文化建设顶层设计，深化文化体制改革，完善文化法治建设、文化权益保障制度、公共文化服务体系、现代文化产业体系，健全社会舆论引导工作机制、文化创作生产机制，加强文物保护利用和文化遗产保护传承等文化制度建设，尊重民意、汇聚民智、凝聚民力、改善民生，持续提升文化治理体系与治理能力现代化，确保文化建设中的共建共治共享。

巩固文化主体性，推动文化繁荣发展是激发和增强文化生命力和创造活力的必然选择。"要加强对中华优秀传统文化的挖掘和阐发，使中华民族最基本的文化基因与当代文化相适应、与现代社会相协调"，一方面，应高度重视优秀的文化文艺作品的文化载体作用，依据《中共中央关于繁荣发展社会主义文艺的意见》，坚持以人民为中心，创作来自人民、为了人民、扎根人民的好艺术，体现时代风貌，将文艺创作融入人民的生活之中，用优质的文艺作品来支撑宣传思想文化工作，让人民在奋斗道路上书写出自己的艺术成就，从高水准的文艺作品中感悟时代的奋斗精神。与此同时，要培养德才兼备的文学艺术家，锻造一支文化文艺队伍，这是推动社会主义精神文明建设、提高民众文化素养的重要力量。另一方面，应积极促进文化发展与当代科学技术的深度结合，全面提升文化对科学技术的吸收利用能力，使文化生产方式和供给模式得到优化，促进传统媒体与新兴媒体在内容、渠道、平台、管理等方面进行更深层次的结合，打造特色鲜明的文化标识，以新质生产力为文化高质量发展注入新动力，不断释放文化创新创造活力。

4. 坚持开放包容，提升文化辐射力

"中华文明具有突出的包容性……是由多元文化汇聚成共同文化，化解冲突，凝聚共识。"

习近平文化思想秉持胸怀天下的气度，因而文化主体性也兼顾民族向度和世界向度的双重意蕴，必须对民族性

与世界性的辩证统一规律加以把握。坚持开放包容，在处理好"一元"与"多样"的关系问题上扎根本土、兼容并蓄，着力加强对外传播能力建设，提升文化软实力，增强文化影响力与辐射力。

坚持开放包容，强调文化发展中"一元主导"与"多元并存"相辅相成。一方面，强化"一元主导"是文化长远发展的定海神针。坚持立足中华优秀传统文化，夯实文化根基，在牢牢把握文化之"根"和"魂"的基础上坚持"两个结合"，深入挖掘中华优秀传统文化精髓，创新文化表现形式与传播方式。另一方面，强调"多元并存"，这不单指文化形式和内容上的多元，更是强调尊重世界文明多样性。一个民族对外国文化的态度，反映了自身的文化自信水平。在开放多元的文化格局下，应进一步加强对文化工作的规律性认识，以更加开放的态度科学对待世界文化的多样性。同时，新时代的文化交流，要特别注意提高辨别能力，避免盲从和全盘接受。注重汲取和借鉴一切优秀文明成果，启发思维、开阔眼界、积极对话、交流互鉴，切实推进自身的文化发展，力求吸纳人类优秀的文化智慧与成果，推进社会主义文化的蓬勃发展。

加大对外交流力度，不断提升中华文化的影响力和辐射力。强调文化主体性并不是孤芳自赏，要坚持把中华优秀传统文化作为基本立足点，推动中华文化走出去，找寻中华文化在世界文化中的新方位。通过文化载体的创新，深化国际交流合作，为中国特色社会主义文化的魅力传播和扩大影响提供新的平台，实现"推进国际传播能力建设……提高国家文化软实力和中华文化影响力"的战略部署。同时，以新媒介为主渠道创新文化传播方式，用创新文化滋养文化创新，巧妙运用中医、武术、书法、戏曲、国画、民族乐器、中式餐饮等中华优秀传统文化中的代表性元素，打造富有时代特征的新的文化传播品牌，积极展示中国魅力与中华风采。

总之，应当在求同存异、文明平等的基础上，着力加强国际传播能力建设、促进文明交流互鉴，通过弘扬全人类共同价值和构建人类命运共同体巩固文化主体性，不断彰显中华文化的独特魅力。

《当代世界与社会主义》（2024 年第 05 期）

推进中国式现代化要
不断巩固文化主体性

童　萍　雷冰洁

一个国家、一个民族推进现代化历史进程离不开文化力量的强大支撑，而文化力量有效发挥作用主要取决于文化的自觉、自信、自主的程度。

2023 年 6 月，习近平总书记在文化传承发展座谈会上强调："中国共产党历来重视文化，新时代我们在道路自信、理论自信、制度自信的基础上增加了文化自信。文化自信就来自我们的文化主体性。"

新时代新征程，必须进一步巩固文化主体性，为中国式现代化提供强大的思想引领力、价值引导力、文化凝聚力，为建设文化强国提供精神支柱。

巩固文化主体性是迈向新征程的时代要求

中国式现代化赋予中华文明以现代力量，中华文明赋予中国式现代化以深厚底蕴。中国式现代化是赓续古老中华文明的现代化，具有深厚的文化根基和崇高的文化志向。推动文化领域繁荣兴盛，形成与我国综合国力和国际地位相适应的国家文化软实力，开创人类文明新形态，必须不断巩固文化主体性。

巩固文化主体性是厚植中国式现代化文化底蕴的必由之路。中国式现代化道路是我们党在百年奋斗历史进程中找到的一条从站起来、富起来到强起来的新路，深刻蕴含着中华文明的突出特性，具有深厚的历史底蕴和广泛的现实基础。在新的历史起点上，我们必须进一步提升国家文化软实力和中华文化影响力，厚植中国式现代化的文化底蕴。

中国式现代化坚持以人民为中心的发展思想，超越了西方资本主导、两极分化的现代化模式，不仅致力于解决中国自身的发展问题，而且致力于推动构建人类命运共同体，为回答"时代之问""世界之问"提供中国智慧和中国方案。这既彰显了中国式现代化所具有的文化底蕴和文化志向，也是中华文化主体性的深刻体现。

2014年10月，习近平总书记在文艺工作座谈会上指出："古往今来，中华民族之所以在世界有地位、有影响，不是靠穷兵黩武，不是靠对外扩张，而是靠中华文化的强大感召力和吸引力。"

中国共产党的百年奋斗史深刻表明，巩固文化主体性既是革命、建设和改革的宝贵经验，也是厚植中国式现代化文化底蕴的必由之路，更是提升国家文化软实力的关键所在。有了文化主体性，才能建立对中华优秀传统文化的认同，进而形成坚定的文化自信，实现中华文化的传承与更新，为社会与文明发展汇聚起强大的现实力量。

巩固文化主体性是建设具有强大凝聚力和引领力的社会主义意识形态的必然要求。意识形态决定文化前进方向和发展道路，社会主义意识形态建设的根本任务是把全党、全国人民的思想凝聚到以中国式现代化全面推进中华民族伟大复兴上来。越是面对各种文化、价值观交流交融交锋的复杂形势，越是需要以清醒的问题意识和强大的战略定力建设社会主义意识形态。

用习近平新时代中国特色社会主义思想铸魂育人，这正是巩固文化主体性的最有力体现。习近平总书记强调："有了文化主体性，就有了文化意义上坚定的自我，文化自信就有了根本依托，中国共产党就有了引领时代的强大文化力量，中华民族和中国人民就有了国家认同的坚实文化基础，中华文明就有了和世界其他文明交流互鉴的鲜明文化特性。"

党的十八大以来，以习近平同志为核心的党中央站在实现中华民族伟大复兴的战略高度，持续推进马克思主义中国化时代化，坚持"两个结合"，不断赋予马克思主义新的时代内涵，中华文化的主体性充分彰显。我们必须坚持马克思主义这一立党立国的根本指导思想，守住守好社会主义意识形态阵地，不断开辟马克思主义中国化时代化新境界。在推进中国式现代化进程中，发挥好文化立根铸魂、凝心聚力的强大作用。

巩固文化主体性是落实总体国家安全观，维护文化安全的有力保障。文化安全是国家安全的重要组成部分。对于一个国家、一个民族来说，文化自主性和文化自信的缺失是最大的文化安全问题。因此，提升文化安全归根到底是要巩固文化主体性、增强文化自信。

面对世界百年未有之大变局加速演进，世界范围内的文化交流交融交锋更趋频繁，国内社会生活各领域的深刻变化日益反映在思想观念层面，迫切需要用马克思主义中国化时代化最新理论成果举旗定向，用社会主义核心价值观凝心聚力，用强大的文化实力抵御思想文化领域的风险挑战。

"'结合'巩固了文化主体性"这一命题，展现了中国共产党对于中华文明突出特性的深刻把握，也传递出传承中华优秀传统文化、强化历史自信和文化自信的内省意识和能动自觉。

深刻把握文化主体性的科学内涵

时代的伟大变革呼唤文化反思和文化意识的觉醒。在新征程上巩固文化主体性，要在习近平文化思想的指导下深刻把握文化主体性的科学内涵。

文化主体性的基础是对自身文化的自觉意识和深度认同。一个国家、一个民族能否成为真实而生动的文化主体，取决于这个国家和民族是否具有自我意识，能否适应时代和引领时代。对文化的社会基础、演变历程、基本特征、当代价值等进行全面分析和对照反思，是巩固文化主体性的逻辑起点。

　　文化主体性是指一定国家和地区的人们对生活其中文化的特性和价值有着清晰认知，在与其他文化交流、沟通过程中始终保持对自身文化价值的深度认同。文化主体性体现在广大人民的思想认知和行动结构中，承载着整个民族和国家的文化生命力。

　　习近平总书记深刻指出："如果没有自己的精神独立性，那政治、思想、文化、制度等方面的独立性就会被釜底抽薪。"在这个意义上，巩固文化主体性具有原生性、总体性和战略性价值。

　　文化主体性的核心是拥有文化传承、发展和转型的自主能力。文化主体性不是文化封闭，也不是文化自负。中国在几千年历史发展中形成的文化是开放的、丰富的，这是我们巩固文化主体性的强大基石。

　　巩固文化主体性的关键是形成丰富、更新文化生命力的自觉性、能动性和创造性，形成对古今中外不同文化形态的吸收、融合能力。费孝通指出："达到文化自觉是一个艰巨的任务，要做到这一点，需要一个很长的过程，首先要认识自己的文化，理解所接触的多种文化，才有条件在这个正在形成中的多元文化的世界里确立自己的位置。"

　　巩固文化主体性必须走出文化普遍主义与相对主义

之争，以更为深远的视野重新审视中国与西方、传统与现代、普遍与特殊的关系，实现诸多文化样态的共生、共通与共存。

可见，文化主体性内在地包含了中华文明与其他文明的共处之道以及中国社会内部多元文化的共生之道。要借鉴吸收人类一切优秀文明成果，将各种有益因素融入中国特色社会主义文化的有机结构中，为建设文化强国提供支撑。

文化主体性的底色是意识形态属性，而意识形态具有鲜明的政治立场和价值指向。任何一种文化体系的性质都是由其意识形态属性来决定和表征的，其发展演变也是由意识形态来规约和引导的。一切以价值中立为由否定文化意识形态属性的观点都包含着一定的政治目的。

马克思指出，"意识的一切形式和产物不是可以通过精神的批判来消灭的，不是可以通过把它们消融在'自我意识'中或化为'怪影''幽灵''怪想'等等来消灭的"。

正因为如此，文化主体性绝不能仅仅停留在文化多元共存的意义上，而是要站在党和国家事业发展行稳致远的战略高度上，思考如何在实现文化传承发展的同时又不失去文化自我。

如果忽略这一价值考量，必然在西方话语霸权的压制下导致文化领导权、管理权和话语权的旁落。自我解除思想武装的文化只能陷入依附状态，在未来文明格局中沦落为"尾随者"。

巩固文化主体性的根本要求

文化是中国式现代化内涵中的重要构件，推进中国式现代化必然要体现中华文化的精神实质，汲取中华文化的精神力量，不断巩固中华文化的主体性。

当前世界进入动荡变革期，各种思想文化相互激荡，推进中国式现代化亟须强大思想动力，进一步巩固全党全国各族人民团结奋斗的共同思想基础，不断提升国家文化软实力和中华文化影响力。

坚持和加强党的全面领导，坚持马克思主义在意识形态领域指导地位的根本制度，走中国特色社会主义文化发展道路。文化现代化是中国式现代化的应有之义。中国式现代化强调物质文明和精神文明相协调，不仅在理念、价值上升华和超越了西方式现代化，而且在整个人类文明视野中都具有开创性意义。

习近平总书记强调："中国共产党是具有高度文化自觉

的党，党的百年奋斗凝结着我们文化奋进的历史。"当代中国的文化主体性是中国共产党团结带领全国各族人民在中国大地上建立起来的，这也构成了习近平文化思想形成发展的重要社会历史条件。

新时代持续推进中国式现代化必须厚植文化根基，以习近平文化思想为行动指南，进一步巩固和加强党的文化领导权。坚持马克思主义在意识形态领域指导地位的根本制度，深刻领悟和贯彻"两个结合"的根本要求，融通中外、贯通古今，不断创新发展新时代中国特色社会主义文化。

坚持用社会主义核心价值观凝心聚力，充分发挥人的主体性和能动性，激发全民族创造活力和文化使命感。人是文化主体性的承载者和表征者，巩固文化主体性绝不能停留在抽象的范畴内，遮蔽现实的具体的人的文化实践。

社会主义核心价值观是对时代精神、历史传统的凝练总结，汲取了人类文明积淀的价值财富，以坚定的文化自信为人民提供精神指引。在发展社会主义先进文化、弘扬革命文化、传承中华优秀传统文化的广阔实践中巩固文化主体性，能够激发全民族创造活力和文化使命感。核心价值观是决定文化性质和方向的深层次要素，是一个国家的重要稳定器。

判断一个民族和国家的文化是否可以切实发挥推动社会进步的作用，根本在于核心价值观的引领作用是否有效。因此，文化只有把握时代脉搏、反映时代精神，在满足最广大人民文化需求的同时引领人民，才能始终成为引领社会进步的力量。

站在创造人类文明新形态的战略高度，进一步深化文化体制改革，完善文化管理的政策性安排和法律制度。党的十八大以来，以习近平同志为核心的党中央高度重视宣传思想文化工作，对中国特色社会主义文化建设规律的认识达到了新高度。

新时代持续推进中国式现代化，要进一步深化文化体制改革，加快构建把社会效益放在首位、社会效益和经济效益相统一的体制机制，为全面推进强国建设、民族复兴伟业提供坚强思想保证、强大精神力量、有利文化条件。

当前，推进文化体制改革要具有广阔视野。要站在创造人类文明新形态的战略高度上，改革制约文化发展的体制性障碍，建立健全与经济、政治、社会发展相适应的文化管理体制和运行机制，完善相关立法，激发广大文化工作者勇于创新的积极性，使全社会的文化创造活力充分释放、文化创新成果不断涌现。

　　加快构建中国特色哲学社会科学，在一体化和多元化并存、民族性与世界性辩证统一的世界文化格局中讲好中国故事。推进中国式现代化，哲学社会科学的作用不可替代。

　　2016 年 5 月，习近平总书记在哲学社会科学工作座谈会上指出："哲学社会科学是人们认识世界、改造世界的重要工具，是推动历史发展和社会进步的重要力量。"

　　这就要求广大哲学社会科学工作者坚持马克思主义的指导地位，以建构自觉自信的中国理论为目标，聚焦重大理论与实践问题，构建中国话语和叙事体系，坚持问题导向研究中国式现代化的时代课题，在人类面临的共同问题上贡献中国智慧。

《前线》（2024 年第 7 期）

如何把握文化主体性？

——以"文化主体"概念为原点的思考

戴圣鹏

在 2023 年 6 月的文化传承发展座谈会上，习近平总书记多次提及"文化主体性"这一标识性概念，并指出"任何文化要立得住、行得远，要有引领力、凝聚力、塑造力、辐射力，就必须有自己的主体性"。在唯物史观与马克思主义文化观的视角下，我们该从何处出发，科学把握与认识文化主体性呢？换言之，把握文化主体性的概念原点究竟是什么？文化主体正是理解文化主体性的概念原点，离开它就无法全面而科学地认识文化主体性。撇开文化主体来谈文化主体性，往往会陷入对文化主体性的抽象讨论，无

★ ★ ★

法穷尽这一概念的丰富内涵，从而使本应现实的文化主体性空洞化。

文化主体的内涵与类型

要科学把握与全面增强文化主体性，就非常有必要对"文化主体"这一前置概念进行界定。只有透彻理解"文化主体"这个概念，才能完全把握住"文化主体性"这个衍生性的范畴。那么，究竟什么是文化主体呢？要想解答这个问题，就要先回答"文化能否构成主体"这个问题。

尽管"文化主体"这样的构词非常容易使我们认为文化主体指的就是文化这一主体，但在唯物史观与马克思主义文化观的视域中，文化是不能作为主体而存在的。原因十分简单，文化如要作为主体而存在，就必须在社会发展中具备独立性，这就意味着文化是自我创造、自我发展与自我传播的。而文化作为人的实践活动的产物，是具有依附性的：离开了人及其实践活动，文化既无法存在，也无法发展。如果把文化同人及其实践活动分割开来，使文化独立化，那么在现实世界中推动社会历史发展的动力就不再是人的实践活动，而是文化本身。比如，在黑格尔哲学中，绝对精神就被构想为处于主体地位的精神实体，以精神为内核的文化由此也可以取得主体地位。但这种把文化本身视为主体的文化观，并不是唯物主义文化观，而是唯心主义文化观。这种唯心主义文化观会导向这样的结论：人类历史及人类文化史不是人的创造史，而是文化的创造史；不是人创造文化，而是文化创造人；文化的发展并不表现为人的发展，而是文化自身的发展。显然，这种观点颠倒了人和文化的关系，割断了人和文化之间的有机联系，使文化成为脱离现实的思辨对象，从而使我们无法透彻把握真正意义上的文化主体性。

既然文化本身不是主体，那文化主体又该从何种意义上去理解呢？虽然文化不是主体，但要理解与把握文化主体，还是要以文化为切入口。文化是作为人的社会实践活动的产物而出现的，那么对于文化而言，人必然是文化的主体。也就是说，文化主体指向的不是文化本身，而是创造、传承发展、传播文化的人。

文化不是无源之水、无本之木。社会生活在本质上是实践的，作为社会生活的精神反映的文化，其内容在本质上也必然是实践的。而现实的人是实践的主体，因此，作为实践活动产物的文化必然不是先于人而存在的东西。依照唯物史观，现实的、从事活动的人们是自己的观念、思

★ ★ ★

想等的生产者，也是自身文化的创造者与传承发展者。换言之，文化是由人创造的，也是由人来传承发展的，人创造与传承发展文化是为了人自身。文化的发展在根本上体现为人的本质力量的发展，特别是人的本质力量在精神层面的发展。由此，文化便具备了一种属人性，能体现创造与传承发展它的主体的属性。什么样的人们，就会创造什么样的文化。例如，不同的民族创造了不同的民族文化，不同民族的文化必定具备不同民族的属性。

现实的人们创造着文化，文化也塑造着现实的个人。文化自身虽无法作为主体而存在，但文化总能体现出创造与传承发展它的主体的属性。尽管现实的人们是文化的创造者与传承发展者，但这并不意味着人与文化的关系是单向的。由现实的人们所创造与传承发展的文化并非僵死的，而是洋溢着人的主体性，能反过来将其作用力投射于每一个体。也就是说，现实的个人要受到由现实的人们所创造文化的制约与影响。这种作用力是一种柔性的、隐秘的精神力量，它并不像物质力量那么直接，而是以间接的方式对现实的个人施加影响。而当文化以社会意识形态的形式呈现时，它对现实的个人影响与作用往往也具有强制性的一面。现实中的个人总是会受到自身的文化水平和其所生活时代的文化发展的影响与制约。这也使得现实中的个人误认为文化是有其独立性的，而事实上文化是依附于现实的人们的物质实践活动的。离开现实的人们的物质实践活动以及他们所创造的物质劳动产品，文化什么也不是。文化没有自己独立的历史，文化史主要是作为创造、传承发展文化的主体的人的历史。

要更好地把握文化主体，就十分有必要对文化主体与主体文化作一个界定。一个国家不只存在着一种文化形态或文化形式。只要一个国家或民族不是在完全同外界割裂的环境中创造与传承发展自己的文化，其中就一定存在着多种文化形态与文化形式。但每一种文化形态或文化形式在社会发展中的地位与作用是不一样的：有的文化是作为占统治地位的文化形态而存在的，有的文化则处于从属的地位或非统治地位。马克思和恩格斯在《德意志意识形态》中指出，在私有制与阶级存在的社会中，"统治阶级的思想在每一时代都是占统治地位的思想"。一般来说，统治阶级的文化往往是一个社会占统治地位的文化，因而其文化也往往是这个社会的主体文化。当然，在私有制与阶级存在的社会中，统治阶级的文化之所以能成为一个社会占统治地位的文化或主体文化，一个非常重要的原因就是统治阶级不仅是"社会上占统治地位的物质力量，同时也是社会上占统治地位的精神力量"。其不仅支配着一个社会的物质生产资料，也支配着这个社会的精神生产资料，整个社会的精神生产都由其调节与控制。而在不同的历史时代，在不同的社会发展阶段，一个国家的主体文化是不一样的。在当下中国，从民族的角度讲，我们的主体文化是中华文化；从国家的角度讲，我们的主体文化是中国特色社会主义文化。这两者不是截然二分的，而是一体两面的。"中国特色社会主义文化，源自中华民族五千多年文明历史所孕育的中华优秀传统文化，熔铸于党领导人民在革命、建设、改革中创造的革命文化和社会主义先进文化，植根于中国特色社会主义伟大实践。"因此，新时代中国特色社会主义文化正是中华文化的当代发展形态，也是中华文化的典型发展形态。从其民族属性看，中华民族是中国特色社会主义文化的创造与发展主体；从其国家属性看，中国共产党以及其领导下的中国人民是其创造与发展主体。

在把握文化主体时，还需要有多维度的视角。对于文化而言，既有创造它的主体，也有传承发展它的主体，还有传播它的主体。除了这些主体之外，还有文化享受的主体等。这些主体之间还不一定是完全重合的，也就是说，文化创造的主体，不一定是文化传承发展的主体，也不一定是文化传播的主体。例如，中华民族是中华文化的创造主体，但传播中华文化的主体，除了中华民族之外，也可以是其他国家、民族的人民。因此，文化主体具有多元性，在谈论"文化主体"这个概念时，维度不同，主体也不同。而对于这些不同的主体而言，其地位与作用也是有所不同的。在理解文化主体时，是从文化创造者角度去理解，还是从文化传承发展者的角度去理解，或是从文化传播者的角度去理解，这是有所不同的。从这三个角度去理解，文化主体分别指向的是文化的创造者、文化的传承发展者、文化的传播者。而在这些文化主体中，有两个主体是最重要的主体：一个是文化创造的主体，另一个是文化传承发展的主体。对于同一种文化而言，其创造、传承发展的主体——现实的人们不是非历史的主体。不同历史时代或不同历史条件下的现实的人们，其本质属性是不一样的。马克思在《关于费尔巴哈的提纲》中认为："人的本质不是单个人所固有的抽象物，在其现实性上，它是一切社会关系的总和。"这个社会关系的总和不是一个恒量，而是一个变量。对于不同历史时代中的现实的人们而言，构成他们的本质的社会关系的总和在现实性上是有所不同的，因而他们的本质力量也是有所不同的。因此，就理解与把握同一文化的创造、传承发展主体而言，这个现实主体不仅要有历史的维度，更要有发展的维度。例如，对于中华文化而言，中华民族是它的创造主体，但不同历史时期的中华民族所具有的本质力量是有所不同的，因而反映其本质力量的中华文化也是有所不同的。中华民族在本质力量上的不断发展，也必然推动中华文化不断发展。这告诉我们，文化的发展，事实上体现的是文化主体的发展。只有文化主体得到发展，文化才会实现真正的发展。

把握文化主体性的两个维度

文化主体性，不是把文化自身视为主体来谈的主体性，因为文化本身并非主体，它自身也就不涉及奠基于主体之上的、更进一步的主体性问题。但现实的人们作为文化主体在其所创造、传承发展、传播的文化中能否彰显自身，能否塑造出这种文化区别于或优于其他文化的特质，这才是文化主体性的核心问题。文化主体性主要体现在文化主体的主体性之中，是文化主体的主体性的表征，是文化主体借助和依托于文化的功能与作用而呈现出来的主体性。撇开文化主体去谈文化主体性，这种主体性就只能沦为一种没有主体的主体性。而这种主体性只是一种理论抽象，在现实中是根本无法成立的。从文化主体的角度出发，文化主体性可以从两个维度加以认识与把握：第一个维度就是文化主体的自身维度，第二个维度就是文化与文化主体的关系维度。

就文化主体的自身维度而言，文化主体不是单一的，也不是固定的，而是历史的、发展的。从文化主体的角度讲，文化主体性表现为文化主体的积极性、主动性与创造性。它们与文化主体的主体地位是紧密联系在一起的。文化主体在文化创造、文化传承发展、文化传播等行为中倘若缺乏这些属性，自然也就无法意识到自己的主体地位，这就意味着文化主体缺少主体意识。而主体意识是文化主体性的前提——文化主体没有主体意识，就必然没有主体性。但反过来说，文化主体具有主体意识也并不意味着其主体性就一定强。因为对于文化主体而言，主体意识只是其展现其主体性的一个方面，而非全部。在具备主体意识的情况下，文化主体还需要通过自觉行动或主动实践来展现主体性。对于文化主体而言，其是积极主动实践，还是消极被动实践，在主体性上是截然不同的：前者是文化主体性得到很好彰显的表现，后者则是文化主体性没有得到彰显的表现。而文化创造主体以及文化传承发展主体是最为重要的两个文化主体，因此，文化主体性主要体现在文化创造主体及文化传承发展主体的主体性上，也即体现在他们进行文化创造或文化传承发展的积极性、主动性与自觉性上。

文化主体有没有能动性，特别是有没有积极性、主动性与自觉性，从根本上决定着文化主体性的强与弱：文化主体的积极性、主动性与自觉性越强，其文化主体性也就越强；文化主体的积极性、主动性与自觉性越弱，其文化主体性也就越弱。而在具体的、现实的文化实践中，文化自信、文化自觉、文化自强是文化主体具有积极性、主动性与自觉性的重要标志，也是文化主体性的主要表现形式。

在这三种表现形式之中，文化自信相对于文化自觉与文化自强而言，具有基础性地位。在新时代，对于文化自信这一文化主体性而言，它"是中国共产党带领中国人民在中国大地上建立起来的；是在创造性转化、创新性发展中华优秀传统文化，继承革命文化，发展社会主义先进文化的基础上，借鉴吸收人类一切优秀文明成果的基础上建立起来的；是通过把马克思主义基本原理同中国具体实际、同中华优秀传统文化相结合建立起来的"。一旦一个民族或一个国家在文化建设与文化发展中形成与坚定了文化自信，也就彰显了其文化主体性。如果文化自信能进一步发展成为文化自觉与文化自强，那么它的主体性就会变得更强，更易凸显出来。文化自觉相比于文化自信而言，是一种更高阶的文化主体活动。文化自觉是文化主体的一种"自知之明"，是文化主体对自身文化的理性反思与自我认知。对于文化主体而言，其往往有一个从文化自信走向文化自觉的过程。但这个过程不是自然而然的，文化主体如果目空一切及缺少反思意识的话，也有可能从文化自信走向文化自大，从而使文化主体丧失正确认识自身文化的可能性。文化自大一旦产生，不但不会有利于增强文化主体性，反而会损害文化主体性。在文化自觉的生成过程中，文化自信是文化自觉形成的历史条件与心理基础。这是因为，一旦缺少文化自信，文化主体就很容易陷入一种文化自卑的心绪中，极易盲目地矮化、否定以及抛弃自身文化。这样的话，文化主体就会丧失其文化自我，其文化主体性也会被大幅削弱，文化自觉也就无从谈起。此外，保持一种开放的态度，在肯定自身的同时，和其他文化主体展开积极的交流互鉴，也有助于文化主体更好认识自身，对自身文化形成更加精确的定位。随着文化自觉的生成，文化主体会形成对自身文化的正确认识，不再盲目被动地任由自身文化发展，而是利用文化发展规律，积极主动地谋划自身文化的发展方向。由此，其文化主体性就会进一步增强，并通向文化自强这一更高阶的文化主体行为。文化自强是文化主体有志于把自己所创造与传承发展的文化打造为优秀文化与先进文化，以及提升国家文化软实力和增强民族文化影响力的心理与行为。只有具备文化自强，文化主体才会拥有革故鼎新的文化发展意识，其文化也才具备实现自身发展的强劲动力，并在此基础上形成新的文化自信和文化自觉。因此，文化主体层面的"文化自信—文化自觉—文化自强"构成一个完整的文化生产机制，不断推动着文化的创造、传承发展与传播。对于一个民族或国家而言，从文化自信走向文化自觉，从文化自觉走向文化自强，是其文化主体性地位得到提升的表现，也是其文化主动性得到增强的表现。在文化强国建设中，只有不断巩固文化主体的主体性地位，不断增强文化主体的历史主动性，文化强国建设才能有强大的建设主体，文化主体性才能得到更好的彰显。

文化是在实践活动中创造的，也是在实践活动中传承发展的。文化虽然是人的实践活动的产物，但这种产物与非精神性产物有别，它对于创造与发展它的主体是会产生精神作用力的。文化主体性也可以通过文化的作用力来体现。一般来讲，文化越先进、越优秀，其对主体的精神作用力就越大，且这种作用力会遍及群体中的每一个人。由此，文化的作用力使文化获得了某种意义上的准主体地位，但它只是文化主体的主体地位的折射，并非真正意义上的主体地位。文化的作用力有多大，在很大程度上取决于创造与传承发展它的文化主体的本质力量有多大。也就是说，文化的作用力在根本上指的是文化主体的本质力量。从这个角度讲，文化是文化主体的本质力量的对象化，只是这种对象化产物不表现为物质力量，而是表现为精神力量。文化所蕴含的社会力量，主要表现为引领力、凝聚力、塑造力、辐射力等。一种文化在现实生活中的社会力量越强，其主体性就越强。当大多数现实的个人认同与接受这个文化的时候，文化就可以把这个群体中的大多数人团结在一起，从而使得创造这个文化的群体产生更大的历史合力并推动历史的发展。而历史的发展又会进一步推动文化的发展，使得文化的作用力进一步增强，其作用力的进一步增强又会进一步凸显其文化主体性。对于不同的文化而言，其引领力、凝聚力、塑造力、辐射力是不一样的：有的文

223

化可能在其国内或本民族内部具有此类力量，而有的文化不仅在其国内或本民族内部具有此类力量，还对其他国家或民族具有此类力量。一种文化的作用力越强、作用范围越广，其文化主体性就越强。

就文化与文化主体的关系维度而言，文化主体所创造与发展的文化是否会成为一个社会或国家的主体文化，是理解文化主体性的另一重要视角。在一个社会或国家当中，不是任何文化主体所创造与建设的文化都能成为其主体文化。一个社会或国家的主体文化，往往是其中占主导与支配地位的文化。主体文化对生活在这个社会或这个国家中的人们有着巨大的引导、规范与塑造作用。当一种文化成为一个国家或民族的主体文化时，这种文化也就获得了其社会发展中的主体性地位，从而彰显了其文化主体性。也就是说，文化主体性，不仅体现在文化主体的主体性上，还体现在文化主体所创造、传承发展、传播的文化是否是主体文化上。对于一个社会或国家而言，一种文化是否是主体文化，就是看这种文化相比于其他文化而言，其引领力、凝聚力、塑造力、辐射力是否强大，也即它对人的发展与社会发展的作用力是否强大。一般来说，只有主体文化才具有强大的引领力、凝聚力、塑造力、辐射力。相比于非主体文化而言，主体文化更具文化主体性。换句话讲，一种文化越接近主体文化，就越具有文化主体性。但在这里需要指出的是，一种文化如要长期保持自己的主体文化地位，不仅要具备不断满足人们对美好精神生活需要的能力，还应在时代的发展中不断与时俱进、创新发展。否则，它的主体地位就会慢慢丧失。

增强文化主体性的现实路径

有文化主体，就有文化主体性。任何文化都是有其主体的，并因其主体不同，都具有自身独一无二的主体性，以同其他文化主体相区别。在文化主体那里，文化主体性只有强和弱的问题，没有无和有的问题。由于文化主体性取决于文化主体，增强文化主体性，首要的就是要增强各类文化主体的积极性、主动性与创造性。在当下，中华文化的形态是新时代中国特色社会主义文化，其主体是中国共产党与中国人民。因此，增强中华文化的主体性，说到底就是要增强中国共产党和中国人民在文化创造、文化传承发展、文化传播过程中的积极性、主动性与自觉性，就是要增强中国共产党和中国人民的文化自信、文化自觉与文化自强。坚定文化自信，就意味着增强历史主动，发扬人民群众在文化创造、传承发展、传播中的历史首创精神。这是中国共产党与中国人民具有文化主体性的重要表现，并能够为文化自觉和文化自强打下坚实的基础。对于中华文化而言，"有了文化主体性，就有了文化意义上坚定的自我，文化自信就有了根本依托，中国共产党就有了引领时代的强大文化力量，中华民族和中国人民就有了国家认同的坚实文化基础，中华文明就有了和世界其他文明交流互鉴的鲜明文化特性"。

在现实生活中，要增强文化主体性，就必须加强文化的先进性建设，在先进文化建设中不断展现文化的优秀面。在人类历史上，人类文化的发展与演进有其自身的规律，具体表现为先进文化不断取代落后文化的过程，以及优秀文化不断战胜腐朽文化的过程。先进文化不断取代落后文化的过程，事实上也是先进文化的主体性不断彰显与增强的过程，同时也是落后文化的主体性在不断消隐与减弱的过程。相对于落后的、腐朽的文化而言，先进的、优秀的文化更能激发和凸显出文化主体的主体性。因此，加强文化的先进性建设，或者说加强先进文化建设，不断展现先进文化的优秀面，是增强文化主体性的重要途径。对于当下中国而言，建设先进文化，就是要"发展面向现代化、面向世界、面向未来的，民族的科学的大众的社会主义文化"，就是要建设新时代中国特色社会主义文化。只有先进文化与优秀文化，才有强大的生命力与创新创造活力，也只有这样的文化，它的文化主体性才能随着文化建设的展开不断增强。发挥先进文化与优秀文化在社会历史发展与人类文明进步中的引领作用，就是在增强文化主体性。

增强文化主体性，除了要增强文化主体的主体性之外，还要增强文化的作用力，特别是增强先进文化与优秀文化的作用力。一般来讲，一种文化的作用力越大，其文化主体性就越强。同样，如果一种文化对其创造与传承发展主体没有什么作用力，也就意味着其主体性的匮乏。文化主体性是通过文化主体来反映的，这种反映既涉及文化主体本身的积极性、主动性与创造性，也涉及文化本身所蕴含的社会力量对文化主体的积极性、主动性与创造性的作用与影响。因此，发挥文化本身所蕴含的社会力量对文化主体的积极影响，也必然成为增强文化主体性的一个重要的现实指向。

我们经常讲，文化既是民族的又是世界的。从增强自身文化的作用力的角度去增强文化主体性，可以从民族性和世界性这两个层面展开。当我们讲"文化是民族的"的时候，不仅涉及文化创造与传承发展的主体问题，也涉及文化的民族属性问题。任何一种文化都是有其民族性的，对于一个民族而言，其所创造、传承发展的文化，必然会打上民族属性的印记。因此，从文化所蕴含的社会力量的最初作用范围或影响范围的角度来讲，一个民族所创造的文化，首先影响与作用的正是这个民族本身。从这个角度讲，要增强文化的作用力，首先就要增强文化对其创造者、传承发展者、传播者的作用力。如果一种文化连对其创造者、传承发展者、传播者都没有作用力，自然也就无法突破民族和国界的范围，产生世界层面的作用力。故而，从文化对文化主体的作用与影响的角度讲，增强文化主体性就是要增强本民族文化对本民族的作用力，当这种文化的作用力大到一定程度时，就能够引发外溢效应，从而对其他民族或其他国家产生一定的作用力。这也是使本民族文化走向世界的重要基础。

从"文化是世界的"这个维度讲，文化主体并非单一的，也并非孤立存在的，各文化主体是共同存在于世界这一文化场域之中的。某一文化主体的文化行为不仅会作用于自身，也会或多或少影响到其他文化主体。从文化交往的意义上看，文化主体表现为文化交互主体，文化主体性表现为文化交互主体性。因此，如要增强文化主体性，一个非常重要的使命就是要把自身和他者的关系纳入对文化建设的考量之中。要把自身文化打造成为能够影响与作用于其他文化，特别是能引领世界文化发展的世界主体文化。对于中华文化而言，成为世界文化发展中的主体文化，是其文化主体性的一个重要面向，因而也构成增强文化主体性的一个重要途径。每一个民族所创造的文化都有其自身的力量，但每一个民族所创造的文化的力量是不一样的：有的文化的力量大一些，有的文化的力量小一些；有的文化的影响力难以越出本国或本民族的范围，有的文化则能凭借其强大的作用力引领世界文化的发展方向。文化力量的不同，使得不同文化在世界文化发展中的主动性与能动性也有所不同。对于中华文化而言，能否突破民族性的范围以彰显其世界性，是其在世界文化发展中能否掌握主动以及是否具备软实力的一个重要表现。中华文化越是在人类文化发展中、在与其他文化的交往与互鉴中彰显其世界性，就越具有文化主体性。从世界性维度去增强中华文化的主体性，就是要发挥中华文化对世界文化发展的引领力，对世界人民的感染力，以及对人类文化发展与人类文明进步的推动力。

★ ★ ★

对于一个国家或一个社会而言，其文化主体性还体现在主体文化上。因此，增强文化主体性，主要就是巩固主体文化在文化发展中的主体地位，发挥主体文化在社会发展中的精神引领作用。主体文化的主体地位不牢固，其文化主体性也必然会减弱。主体文化的影响力、塑造力、凝聚力、领导力得不到提升，其文化主体性自然也就无从增强。在当代中国，中国特色社会主义文化是我国的主体文化，因此，增强文化主体性就是要增强中国特色社会主义文化的影响力、塑造力、凝聚力、领导力。而要切实增强中国特色社会主义文化的主体文化地位，就必须"发挥社会主义核心价值观对国民教育、精神文明创建、精神文化产品创作生产传播的引领作用，把社会主义核心价值观融入社会发展各方面，转化为人们的情感认同和行为习惯"。之所以如此，原因就在于"社会主义核心价值观是当代中国精神的集中体现，凝结着全体人民共同的价值追求"。社会主义核心价值观是中国特色社会主义文化的精神内核与精神标识，也是中华文化在当代的精神内核与精神标识。对于当代中国而言，其主体文化的主体地位牢固不牢固，往往取决于社会主义核心价值观的生命力、凝聚力、感召力强不强。社会主义核心价值观的引领作用越强，中国特色社会主义文化的主体地位就越牢固，中华文化的主体地位就越坚实。可以说，培育和弘扬社会主义核心价值观，是增强文化主体性的重点与有力抓手。要增强当代中华文化或中国特色社会主义文化的文化主体性，就必须大力培育和弘扬社会主义核心价值观，"把培育和弘扬社会主义核心价值观作为凝魂聚气、强基固本的基础工程"来抓好落实好。

增强文化主体性，与加强文化的话语权建设也是紧密联系在一起的。一种文化有一种文化的理念，一种文化有一种文化的价值观。一种文化的理念与价值观如要在与其他文化的交往与互鉴中得到良好的呈现，这种文化就需要有自己的话语权。文化的话语权，是文化权利非常重要的一个方面，因而也是文化主体性的一个非常重要的内容。在世界不同文化的交往与互鉴中，有话语权的文化与没有话语权的文化，在交往中的地位是有所不同的。对于一种文化而言，有了话语权，其不仅可以在文化交往中主动向其他文化宣传自己的理念与价值观，也可以在自己的理念和价值观受到贬损的时候强有力地捍卫自己的文化。在文化交往中，失声、发不出声、被剥夺话语权或话语权被忽视，都是文化主体性没有得到彰显的表现。因此，在文化交往中加强文化的话语权建设是非常有效的增强文化主体性的现实途径。在加强中华文化或中国特色社会主义文化在世界文化交往与发展中的话语权建设的过程中，我们要加快构建中国话语和中国叙事体系，加强国际传播能力建设，全面提升国际传播效能。

增强文化主体性，说到底还是要增强文化主体的本质力量，主要是要增强文化创造主体与文化传承发展主体的本质力量。文化本身就是创造与传承发展它的主体的本质力量的对象化。创造文化的主体或传承发展文化的主体，其本质力量越强，由其所创造或传承发展的文化的内在力量就越强。而有着强大力量的文化，无论是在人们的现实生活中，还是在与其他文化的交往中，都可以通过展现其强大力量来凸显其主体性。也就是说，文化主体性与文化本身所具有的本质力量是紧密联系在一起的，二者是正相关的关系：本质力量弱的文化，其主体性也弱；本质力量强的文化，其主体性也强。那么，如何增强文化主体的本质力量呢？在现实中，增强文化主体的本质力量，可以从两个方面来着手：一是文化主体的物质生产能力，二是文化主体的精神生产能力。文化主体的物质生产能力与精神生产能力是相辅相成的。一般来讲，物质生产能力发展水平决定着精神生产能力发展水平，但同时，精神生产能力对物质生产能力具有反作用。对于文化主体而言，其精神生产能力相比于物质生产能力而言，更能直接反映其文化创造与传承发展能力，因而也更能展现其本质力量在精神层面的发展水平与发展状况。尽管如此，要增强文化主体的精神生产能力，最根本的还是要增强文化主体的物质生产能力。只有文化主体的物质生产能力得到提升，文化主体的精神生产能力才可能得到提升。依照唯物史观，发展自己物质生产能力的人们，在提升物质生产能力水平的同时，也在提升自身的精神生产能力水平。当文化主体的物质生产能力与精神生产能力都得到提升的时候，文化主体的本质力量也得到了全面增强，文化主体性也会随之增强。

毋庸置疑，增强文化主体性是有利于建设文化强国的。文化强国建设的一个非常重要的前提就是文化主体的主体性足够强，因为弱的主体性是无法支撑起文化强国建设的。同样，以缺乏引领力、凝聚力、塑造力、辐射力的文化来建设文化强国，也是无法达到目的的。而一种文化有没有引领力、凝聚力、塑造力、辐射力，往往与这种文化是否是先进文化、是否是优秀文化、是否具有人民性有着十分紧密的关系。因此，从建设文化强国的维度来讲，增强文化主体性，主要涉及两个方面：一个是文化强国建设主体的主体性，另一个是文化的引领力、凝聚力、塑造力、辐射力。从第一个方面来讲，建设文化强国，增强文化主体性，就是要巩固人民群众在文化强国建设中的主体地位，发扬人民群众的历史主动精神与首创精神，激发人民群众的文化创新创造活力。从第二个方面来讲，建设文化强国，增强文化主体性，就是要增强中华文化或中国特色社会主义文化的引领力、凝聚力、塑造力、辐射力，"不断提高国家文化软实力，增强中华文化影响力，发挥文化引领风尚、教育人民、服务社会、推动发展的作用"。

《理论月刊》（2024 年第 12 期）